몽땅연필의 꿈

서문

이 책을 읽는 당신께

인생이란 연극무대에 데뷔한 지 만 60여 년이 흘렀습니다. 걸음마도 못 떼던 애송이부터 중년이 될 때까지 극중의 역할들을 내 삶처럼 잘 소화해 내었는지는 모르겠습니다.

때로는 과분한 배역에 우쭐하기도 했고 때로는 교만감으로 관객에게 실망스런 밉상을 주었고 어떤 때는 배역이 약하다고 섭섭해 대충 했을 때도 있었습니다.

중간중간 배역의 본분도 잊어버리고 대사도 까먹고 해서 연극 전체를 엉망으로 만들기도 했지만 관객들은 신랄한 비판보다는 더 잘할 수 있을 거라는 격려로 용기를 주어 포기하지 않고 여기까지 왔습니다.

무대에 선 지 60여 년이 지났지만 아직도 역할이 남아 있다고 믿고 열심히 준비하고 있습니다.

이제부터는 인생이란 무대에서 연극 같은 삶이 아니라 사람 냄새 나는 내 삶 같은 연극을 하려 합니다. 앞으로도 끝까지 포기하지 마시고 저의 공연을 지켜봐 주시고 잘하면 박수를 못 하면 질책을 해 주시는 따뜻한 팬이 되어주시길 바랍니다.

60년 인생이란 연극무대. 잘 익었을 만도 한데 그래서 중후한, 농후한 맛도, 멋도 만들 줄 알아야 할진데 가끔은 눈앞이 캄캄하고 하늘이 노랄 만큼 당혹스러울 때가 있기도 합니다. 지금까지의 과정에 보람도 많지만 아쉽고 실망스러운 후회가 더 큽니다. 더 열심히 할걸 더 잘할걸

2024 가을 박귀룡

어쩌면

밤이 긴 사람은 잠이 짧았고
밤이 짧았던 사람은 잠이 길었습니다.

삶을 뒤돌아보니

한참을 공부했다고 생각했지만
아직도
빈 잔의 자유로움도 여백의 여유로움도
못 느끼고

아직도
여백이 두렵고 빈 잔이 부족해 보입니다.

공부를 더 해야겠다는 생각만
더 또렷해집니다.

나는

내 생각이 내 몸을 지배한다고 생각하면서 그동안 달려온 것 같다.
모든 것이 마음먹기 달렸다고 믿었기 때문이다.

한 갑장을 돌아서 보니 이제는 내 몸이 내 생각을 지배한다는 느낌이 든다.
몸이 말을 듣지 않는다고 말들을 한다.

보이는 것은 몸이고
보이지 않은 것은 생각이다.

정情

정은 나눌수록 자꾸 샘솟는 샘물과 같다고 하는데
내가 가지고 있는 정은 얼마나 될까?

사람 냄새 나는
정 많은 사람이 되고 싶다.

박귀룡 에세이
몽땅연필의 꿈

도서출판 SINYUL

몽땅연필의 꿈

차례

■ 서문___2

1. 연필편지 <연필>은 정감을 갖는 필명筆名입니다.

오늘도 또 하루를 열었다___15
하늘과 땅 사이에___21
나는 달립니다___27
소중한 인연을 잘 다듬는 따뜻한 날___35
친구親舊가 있습니다___41
아침은 늘 설레입니다___47
누구는 나를___53

2. 삶의 편지 이렇게 좋은 날에 그 님이 오시면 얼마나 좋을까?

아련하다___61
그때 알았더라면___67
까마득합니다___73
나에게는 항체가 생기지 않는 고질병이 있다___79
함부로 목숨 걸지 마라___85
큰강은 물을 붙들지 않는다___91
뛰어야 하고 뛰고 있습니다___97

3. 아침편지 괜찮지를? 다 잘될 거야.

'선線을 넘지 마라' 앞에 멈춰버림의 갈등___105
사람이 살다보면 애가 탈 때가 있다___113
거기 누구 계세요?___121
새벽에 쓴 편지___127
물이 될까, 구름이 될까___133
무대 뒤편에서___139
인생은 삼세판___145

4. 마음편지 '오감타'를 아십니까?

순서에 너무 집착하지 맙시다 ___153
나는 몇 번째입니까? ___159
잘 지내제? ___165
살아있는지 궁금해질 때가 있다 ___171
지 죽을 줄 모르고 불을 좋아하다 ___177

5. 그림자편지 '오감타'를 아십니까?

다 괘안타 ___185

6. 맨발편지 걸을 수 있음에 감사한다.

오늘도 천연 보약 한 제 먹고 왔다 ___193

7. 가족편지 누렇게 익은 보리밭에서 청보리밭을 생각한다.

아버지! ___202
내 사랑 나의 어머니! ___203
나의 아내 지원 님 ___204
아들을 장가보내는 날에 ___206
당신은 참 내게 존귀한 사람입니다 ___211

8. 희망편지 오늘도 너의 이름을 부른다.

니는 사는 데 뭐가 중한디? ___221
생각이 1% 바뀌면 인생은 99% 바뀐다 ___227
내가 누고? ___233

■ 후기 ___238

연필편지

<연필>은 정감을 갖는 필명筆名입니다.

간혹 짧은 안부 소식이나 글을 올릴 때
뒤에 글쓴이를 '연필'로 적어 보내니
'연필이 뭐냐?'고 물어오는 분들이 있어 소개하고자 합니다.

왜 연필이냐면 연필은 흑심을 가득 품고 있어
인간의 본성적 속물과 흡사하여 혹했고
더 공감이 가는 것은 흑심을 가득 품고 있지만
절대 혼자 스스로 드러내지 않고
필요로 하는 사람이 깎아야만 드러낸다는 것입니다.

그래서 연필은
째뻣하게 깎으면 째뻣하고 뭉텅하게 깎으면 뭉텅합니다.

지가 깎아 놓고 째뻣한 데 찔렸다고 연필만을 탓하고 말하는 자는
지 욕심은 쏙 빼고 탓만 하는 것과 같습니다.

오늘도 또 하루를 열었다.

오늘도 또 하루를 열었습니다.
그리고 혀어 씁니다.
금새 금새 잘 줄어듭니다.

곳간을 들여다본 일이 없습니다.
아주 많이 가지고 있고 남아 있는 줄 압니다.

내가 가지고 있는 세월의 잔고를 모를 뿐입니다.

그저 무한 리필인 줄 알고 씁니다.

오늘도 그 귀한 내 시간을 씁니다.

1 우산

나는 그동안 참 많은 우산을 잃어버렸다.
비 올 때 쓰다가
비가 그치면 챙겨 오는 거를 잊어버리고 오는 경우도 있었지만
들고 다니기 번거로워 그냥 놔두고 오기도 했다.

우산 필요하면 또 사거나 빌리면 되지 뭐 하고 생각했을지도 모른다.
비 올 때 그렇게 요긴했던 고마움은 까맣게 잊고…

2 우산

누가 "할래?"라고 하면
자신이 하고 싶다는 뜻도 있지만 상대가 좋아하니까
할래? 라고 물어보는 뜻도 포함되어 있습니다.

그런데 이런 경우에 대부분 상대방의 마음은 아랑곳없이 자신의 생각만으로
'예스'와 '노'를 표합니다.

붕어빵도 팔고 떡볶이도 팔고 어묵도 파는 포장마차를 지나다
한 사람이 "오뎅 먹을래?"라고 말하면
어떻게 답할랍니까?

배부르니까,
안 좋아하니까,
비위생적이니까.
"아니"라고?
아니면
나는 별로 생각이 없지만
아, 이 사람이 먹고 싶구나,
싶어서 "응" 이라구?

나는 오늘 누가 물으면 "응"이라고 말할 겁니다.

3 우산

나는 단지 우산을 가지고 있는 보유자일 뿐이다.

비가 오면 우산이 필요하고 그때 우산을 가지고 있는 사람이 생각이 날 것이다.

나는 여태 왜 그 생각을 못 했을까?
내가 우산이라고 생각을 한 것 같다.
겨우 찢어진 우산 하나 가지고 있을 뿐인데…

누가 쓴 글 중에서 이 말이 와 닿는다

"내가 여기 있을게, 필요하면 언제든지 도움 청하렴."

4 우산

나는 우산인 것 같다.

비 오는 날에는 그렇게 필요하다가도

비가 개면 그냥 버리고 간다.

옆에 없는 줄도 모른다.

좋은 날에는 필요가 없다.

비 오는 날에는 내가 필요하다.

햇볕 쨍쨍한 날에는 그냥 없는 것이다.

우산은 늘 새로 구하면 되니까.

심·올·가·득·품·은·연·필·한·자·루

조금 살아보니

나는 부자이고, 행복이 어떤 것인지 어렴풋이 알 것 같습니다.

기쁠 때 전해 줄 사람이 있다는 거,
힘들고 슬플 때 나눌 수 있는 누군가 있다는 것이
참으로 부자고 행복한 삶인 것 같습니다.

오늘도 이렇게 행복한 부자로 기분 좋게 만들어주셔서 감사합니다.

하늘과 땅 사이에

걷다가 문득
딛고 있는 땅을 내려다보았습니다.
바로 턱밑에 있는 것처럼
가까웠습니다.

걷다가 문득 하늘을 쳐다봤습니다.
더 까마득하게 높아 보였습니다.

150여 cm
몇십 년 전과
별 차이 없는
똑같은 거리였을 텐데

오늘은 그 느끼는 차이가
더 크게 와 닿았습니다.

나이가 보태지면서
그 무게만큼
꿈과 용기가 줄어들었나 봅니다.

오늘은
꿈과 용기를 보충하는
보약을 먹어야겠습니다.

1 하늘과 땅 사이에

다시는 기억되고 싶지 않은 것은 완전 삭제시키고
늘 기억해야 할 것은 맨 위에 저장할 수 있었으면 좋으련만
그렇지 않아서 안타깝고 속상할 때가 많다.

기억은 공유될 때 의미가 있는 거
기억도 선택이 가능했으면 좋겠다.

기억이 나를 지배하고 있는데
"그걸 아직도 기억하세요?
전 아무것도 생각나지 않는데요."

반대로 난 까맣게 잊고 있는데
상대는 그 의미 이상으로 생생하게
"그게 생각나지 않으세요?"라며 기억하고 있다는 거다.

기억은 뇌세포에 의한 저장능력의 차이도 있겠지만
그 순간에 가진 개별적 의미의 가치 차이일 것이기도 한 것 같다.

그래서 기억은 공유·공감될 때에 가치가 있는 것 같다.

당신은 영구 저장시키고픈 어떤 아름다운 기억이 있습니까?

2 하늘과 땅 사이에

"꿈이 뭐였어요?"라고 묻곤 한다.

지나간 역사는 가정을 말하지 않는다고 했다지만
이런 전제 조건에
그것을 하고 싶었다고 말하기도 한다.

그럼에도 만약에 뭔가 달랐었다면
과거의 내 꿈도 현재의 내 삶도 달라졌을 거라는 아쉬움이 있을 것이다.

"몸이 그렇지 않았으면 뭘하고 싶었어요?"
이렇게 묻는 사람들이 있었다.

"난 이 몸으로 어떻게 살아야 하나 하는 궁리가 더 커서
몸이 이렇지 않았으면 무엇을 하고 싶다는 바램을 할 여유가 없었다."라고
답을 했다.

진짜 절박하면 환경을 원망하고 탓하는 것조차 사치다.

그러나 오늘은
내 꿈이 뭐였는지를 확인해 보고 싶다.

3 하늘과 땅 사이에

"예전(왕년)에는 내가!"
아제들의 얘기다.

다들 잘 나갔다.
지금도 잘 나가려고 애쓴다.
지금도 다 버려도 '가오'는 못 버린다고 바락바락 용쓰며 버틴다.

그러나 시절은 이미 그 값을 매기고 있다.
어제의 시세와 오늘의 시세는 확연하게 다르다.

지금은 용도 폐기된 예전의 능력이 아니라
오롯이 필요할 때 빌릴 수 있는 경륜의 자원이 필요할 뿐이다.

나는 그동안 얼마만큼 까먹었을까?
그리고 지금 내 가치는 얼마쯤일까?
한창 끗 좋을 때보다 얼마나 떨어졌을까?

까먹은 감가상각에 섭섭해 하지 말자.
지금은 감가상각을 감안해야 될 때
내 인생의 감가상각 확인서를 보고 싶다.

4 하늘과 땅 사이에

가지지 못한 내 가난함의 죄가 크게 와 닿을 때

나의 콤플렉스는 나만 알고 내게만 보일 뿐이다.
그럼에도 모두가 다 아는 것처럼 생각한다.

어쩌면 콤플렉스가 아닐지도 모름에도
나 스스로 결정한 그 콤플렉스에 갇혀
내가 할 수 있는 것조차 포기할지도 모른다.

설령 내가 콤플렉스를 조금 가졌다 할지라도 내가 지금 사는 데
내가 생각하는 만큼 큰 지장을 주지는 않음에도
내가 남들이 가진 보편적인 것들을 가지지 못했기 때문이라고
생각이 들어 그저 제풀에 주눅이 들어 더 큰 콤플렉스를 만들 뿐이다.

덜 가진 가난함이 죄가 되는 것처럼 느껴지는 것은
아직도 내 마음이 가난에서 벗어나지 못한 탓이다.

마음이 부자가 되는 길은 조금 가진 것에 대한 버림과 비움이 가능할 때이다.

난 언제쯤
가난하지 않을 수 있을까?

심·올·가·득·품·은·연·필·한·자·루

얼마나 가까운 사이인가요?

더 가까워진다는 것은
그만큼 알게 되고 이해된다는 뜻일지도 모릅니다.

그럼에도 더 가까워지는 것으로
때론 더 섭섭하게 느껴지는 것은 무엇 때문인지 모르겠습니다.

그것은 더 가까워진 것이 아니라 필요에 의한 사이일 뿐일지 모릅니다.

셈하지 않고
있는 그대로의 모습으로
더 많이 알고 더 느끼면서 정서적 공유가 될 때
그때가 진짜로 가까운 사이가 된 것일지 모릅니다.

나는 달립니다.

나는 1등을 할 수가 없습니다.
나는 늘 꼴등입니다.

죽을힘을 다해 달려봐야 꼴등임에도
그렇지만 오늘도 나는 달립니다.

1등이 목표가 아니라
그저 낙오되지 않고 같이 끼고자 달립니다.

남들이 보기엔 1등 하려는 것보다 더 열심히 달리는 것 같겠지만
내가 가지고 있는 여건으로는 이렇게 하지 않으면 쳐져서 낙오되기 때문입니다.

나는 다른 사람이 빠른 것이 아니라 내가 늦다는 것을 알기에 그저 달릴 수 있을 때까지 달릴 뿐입니다.

오늘도 나는 그래서 달립니다.

1 나는 오로지

우리는 문득
내가 유일하게 믿고 붙들고 있는 것이
한낱 허상이라는 것을 알게 될까 두려울 때가 있습니다.

살면서 내가 의지하고 믿는 것을 만드는 것은
내가 약하다는 것을 알기 때문입니다.

내가 살 때까지는 모든 게
허상임을 모르고 사는 게 나을 것 같습니다.

스스로 지키고 가꾸다 보면 내가 믿는 것이
나의 편이 되었다는 확인을 할 뿐입니다.

나는 오로지 나일 뿐입니다.

내가 믿는 것은
나를 외호外護하는 플러스 에너지일 뿐입니다.

2 나는 오로지

사람들은 세상에 믿을 것은 자신밖에 없다고 합니다.

살다 보니
남들 마음이 다 내 마음 같지 않으니 하는 말들일 것입니다.

그런데 살아보니
자기 자신을 젤 못 믿는 사람이 자신이라는 것입니다.

너무 잘 알기에
뻔한 예측이 가능하기에, 성공과 실패를 예단할 수 있는데
대부분 부정적일 것입니다.

그래도 믿을 데는 나밖에 없음을 압니다.
그나마 내 마음 같고 내 의지대로 움직일 수 있으니 말입니다.

그런데 어느 노랫말에서
'나도 나를 모르는데 넌들 나를 알겠느냐?'라고 말합니다.

나를 찾는 여정,
늘 헤맵니다.

3 나는 오로지

"그것은 그쪽 생각이고,
그것은 그쪽 얘기지요."

윗동네 얘기와 아랫동네의 얘기는 차이가 있다는 얘기입니다.

삶이라는 게
우리는 '타고난 팔자대로'라고 말들 합니다.

운명과 숙명으로 구분지어 바꿀 수 있는 것과 없는 것으로 나누어
운명은 얼마든지 바꿀 수 있다고들 합니다.

금수저와 은수저,
둘 중에도 포함되지 않은 흙수저도 만들어졌습니다.

황새가랭이와 뱁새가랭이로 꼬라지를 구분지어 경계를 삼도록 합니다.

혹여 지금 내가 버티고 있는 동네가 윗동네이든 아랫동네이든
내 삶의 가치는 내가 결정짓는다는 것을 잊지 맙시다.

지금 내게 필요한 것은
언제든 툭 털고 일어나 '아자!'라고 외치고 또 달리는 용기입니다.

4 나는 오로지

인연인 것까지는 알지만
그 인연의 시작도 궁금하고, 인연의 다함이 어디까지 일지도 궁금합니다.

궁금하다는 것은 모른다는 것이기도 하겠지만
늘 지금처럼 한결같지 않을 거라는 것도 안다는 것입니다.

우리는 그러한 것들이 두려울 뿐입니다.

언젠가는 떠난다는 것도
언젠가는 보내야 된다는 것이
서로의 바램과 의지와는 별개라는 것을 알면서도
막상 닥치면 그것이 전혀 생경스럽게 다가온다는 것입니다.

늘 연습한다고 하면서도 우리는 그저 지금에 충실할 뿐이기 때문입니다.

그래서 나중에 이런 말을 하게 됩니다.

"같이 있을 때 좀 더 잘해 줄걸."

5 나는 오로지

딱 한 수가 부족하다.
바둑을 두다 보면 상대방에게 딱 한 수가 부족하여 죽는다.

배드민턴, 탁구, 족구 등
네트 있는 게임을 하다 보면 0.5cm만 낮았으면 좋겠다는 생각이 간절합니다.

우리네 삶이 늘 요렇게 한 수, 또는 0.5cm 차이, 간발로 부족합니다.

성공이라는 게 뭐 거창한 것이 아니라
그 느끼는 차이를 줄여가는 노력의 결과물입니다.

6 나는 오로지

내 기도가 영험이 있다면
나는 무엇을 제일 먼저 기도할까?

기도가 나를 두려움을 이겨내고 평안케 하고
좌절하지 않고 도전하게끔 하고 이루어 낸다는
믿음의 이유가 된다는 것을 압니다.

아울러 나는 내 기도가 영험이 없다는 걸 알지만
그렇다고 달리 뾰족한 방법이 없기에
그저 기도만 하게 됩니다.

지금의 내 기도는 기도가 아닐 것입니다.

내 기도의 갈구함이 절벽 앞에서, 낭떠러지 앞에서처럼
내가 감당할 능력 이상일 때의 절박함으로 더 간절하고 절실하다면
영험이 있을까?

기도로 이루어짐의 믿음을 얻는 영험이 우리를 응원하길.

심·올·가·득·품·은·연·필·한·자·루

우리 지치지 말자.

나를 지치게 하고
힘들게 하는 것은
누구도 아닌
'나'이다.

지금의 내 환경을 극복하지 못한
능력 탓일 것이다.

내가 늘 애닯고 아쉽고 힘들어 지치는 것은
그것은 목표가 너무 높기 때문이다.

지금의 나를
이해하고 용서하고 사랑하는 것 이외는 달리 방법이 없다.

나날이 '나'를 사랑하기를.

소중한 인연을 잘 다듬는 따뜻한 날

인연은 묶인 끈과 같다고 합니다.
우리도 그런 인연일 것입니다.
늘 좋은 인연 맺게 해달라고 기도를 하지만
때론 얽히고섥켜 힘들 때도 있습니다.
잘 안 풀려 불편하고 힘들다고 무조건 가위로 자르지 말고
더디지만 인내로 차분하게 풀어나가면
끊어지지 않은 인연으로 이어지겠지요.
처음 맺어진 인연이 늘 아름답게 이어지는 것도
순조롭게 끈을 풀어내는 우리의 노력일 것입니다.

1 인연

살아보니
매번 선택과 결정을 해야 하고 그때마다 쉽지 않아 갈등과 고민을 합니다.
때로는 내가 선택을 하기도 하지만 선택을 당해야 하는 경우도 많습니다.

선택과 우선순위에서 밀렸다고 화내거나 속상해하지 맙시다.
내가 우선순위에 밀린 것은 나의 가치가 다른 선택보다 낮기 때문일 것입니다.

내가 줄 수 있는 가치가 선택의 우선순위에서 밀렸기 때문에
바빠서 못 오고, 시간이 없어 못 보고, 전화해도 안 받고, 문자를 보내도 씹히고, 약속해도 잊어버리고 하는 것입니다.

이렇다고 너무 애달파하지 맙시다.
내 가치를 더 존중하고, 같이 하고 싶어 하는 선택에 함께하면
나는 얼마든지 더 행복할 수 있습니다.

우리가 살아보니
나를 사랑하고
나를 사랑해 주는 사람과 사랑하는 시간만도 부족하더라는 것입니다.

2 인연

또 살다 보니
참 바보였다는 걸 자꾸 알게 됩니다.
정작 용기 내었어야 할 때 비겁한 방법을 먼저 선택했고,
아무것도 아닌 일에도 죽자 살자 덤비는 무모한 방법을
먼저 선택하였던 것 같습니다.
늘 이렇게 반복되다 보니 스스로는 부끄러움을 압니다.
부끄러움과 자괴감이 깊을수록
스스로 변명의 논리를 개발하느라 더 힘들지도 모릅니다.
오늘도 누군가와의 맺어진 인연의 끈 앞에서
내가 감당해야 할 범주를 넘는 과제에 늘 긴장되고 쫓기나 봅니다.
함께 하기에 그저 고맙고, 감사한 만큼 그만큼 빚도 많이 느낍니다.

아무것도 보지 않아도
아무것도 듣지 않아도
아무것도 말하지 않아도
아무것도 걱정되거나 애닯음이 없는 것은 존재하지 않습니까?
아무것도 달라짐이 없는 자유로움으로 가려면
더 많이 마음공부를 해야겠지요.
오늘은 내 마음을 한마디도 안 해도 되는지를 묻고 싶은
하루로 만들고 싶습니다.

3 인연

"본 지 얼마 되었다고
또 보고 싶다 하노?"

보고 싶은 것은 기한이 있는 게 아닙니다.
'보고 있어도 보고 싶은 그대'란 노랫말이 있듯이
보고 싶은 마음은 지극히 건강하고 정상적인 것입니다.

다만 걱정은 해야 하겠지요.
속내를 드러내는 것 같아서입니다.

그렇지만 아끼지 마십시오.
오늘 '금새 또 보고 싶거든 보고 싶다'고 고백하세요.

사랑은 미친 열병환자입니다.

4 인연

외롭다는 거
아는 사람밖에 모릅니다.

외로움은 느끼는 것이지 말로 하는 게 아닙니다.

생각이 있는 한 외롭다는 것을 느낄 수밖에 없도록 만들어졌는데도
외롭지 않으려고 발버둥칩니다.

그런데
진짜 외로우면
외롭다고 느끼는 것도 사치일지 모릅니다.
그래서 더 외롭습니다.

외로움을 두려워할 필요는 없습니다.
왜냐면 그 정도면 아직 사치니까.

오늘도 나는
당신 때문에 사치를 누립니다.

심·올·가·득·품·은·연·필·한·자·루

인연의 끈을 풀지 못하고 자르는 이유는

스스로 자일을 끊고 내 짐을 들어주고자 함입니다.

인연은 잘라내기보다 푸는 습관을 들여야 합니다.
혹시나 얽히고설킨 삶의 매듭들이 있다면, 하나하나 풀어가는 것입니다.

이 세상은 혼자 살아가는 것이 아닙니다.
인연과 연분 속에서 더불어 사는 것이 인생입니다.
잠시의 소홀로 연이 끊겨 후일 아쉬워 후회한들 무슨 소용이 있겠습니까?

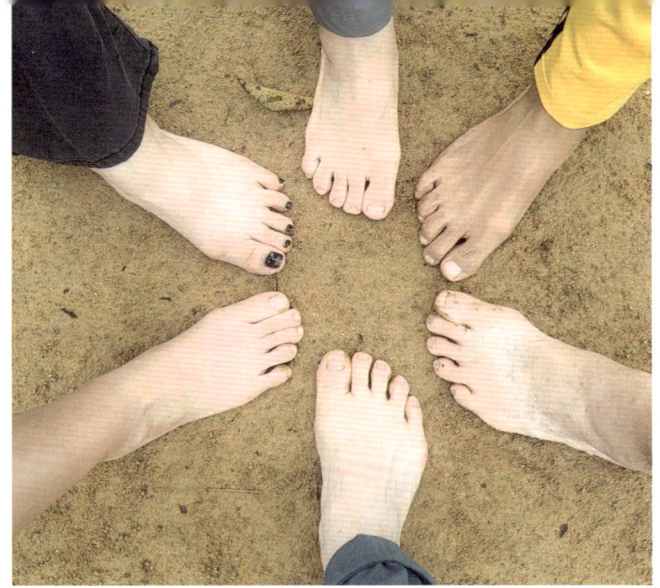

친구親舊가 있습니다.

친구는 크게 구분하면
선택한 친구, 선택하지 않은 친구로 나눠볼 수 있습니다.

고향친구, 학교친구 등은 선택하지 않았지만 친구라고 칭하는 사이이고
사회에서 만나 서로 필요에 의해 합의된 관계의 친구는 '선택한 친구'입니다.

어떤 친구가 더 소중하냐는 이런 구분으로 규정되어 지지는 않을 것입니다.

지금 내가 친구라고 느끼는 친구가 친구일 것입니다.

오늘은
나는 어떤 친구일까? 생각해 봅니다.

1 서로 안다는 것

난 뭘 갖고 있지?
난 왜 늘 외롭지?

손을 꼽아 헤아려 보았습니다.
더 중요하고 덜 중요하고의 차이는 있었지만
참 많았습니다.
사람도, 물질도,
유형도, 무형도
난 부자였습니다.
참 고맙고, 감사했습니다.

그런데
그 많은 것 때문에
외로운 것 같습니다.
다 내 것이라는 착각 때문이었습니다.

내 것이 아닌
그저 우리 것이었을 뿐인데.

비우고 버리면 진정한 부자가 된다는 말씀이
가슴에 다가옵니다.

2 서로 안다는 것

가장 나를 많이 안다거나 다 안다는 사람 때문에
섭섭하거나 상처를 받습니다.

알면서 그러니 더 밉지요.
아는 사람이 그러니 더 속상하지요.

하지만
우리가 안다는 것은 보이는 것만 내 기준에 맞춘 내 생각일 뿐입니다.

그 사람이 아닌 이상
그 사람을 다 안다는 것은 불가능하다고 생각합니다.
어슬프게, 섣불리 예단하여
그 사람을 생각하고 말하는 것은 매우 위험하고
잘못될 수도 있습니다.

나도 나를 잘 모르는데
어찌 그 사람을 다 알 수 있겠습니까.

3 서로 안다는 것

싸우지 마라.
싸우면 이겨도 아프고, 져도 아프다.

난 여태껏 싸워 본 일이 없는 것 같다.
처음부터 이길 수 있는 게 한 번도 없었던 것 같다.
그것은 싸움이 아니라 '대듦'이었을 뿐이었다.

'이기고' '짐'의 격투가 아니라
빼앗긴 것을 되찾기 위함과 부당함에 대한 항거였을 뿐이다.

그럼에도 늘 나는 싸움꾼이었다.

나도 언제 한번
이길지도 질지도 모르는 싸움을 한번 해보고 싶었다.
그러나 이제는 그 바램과 객기마져
'그 무슨 의미 있노?' 로 바뀌었다.

시절의 흐름은 이렇게 나를 나약하고 비굴하게 만들어 가고 있는 것 같다.
'삐지지 마라.'
'삐지면 지만 손해다.'라는 명구 앞에서 그저 가늘게 숨 쉰다.

4 서로 안다는 것

걱정도 아무나 하는 게 아니고
자격도 되어야 하고
허락도 받아야 하는 건가 보다.

'니가 뭔데?'라고 물으면 난 대답할 게 없을 것 같다.

시키잖은 일은 왜 해서
사람 마음 불편하게 하고 부담 주노? 라고 하면
난 얼굴만 붉어지면서 할 말이 없다.

나는 늘 오지랖 넓은 이 바보를 미워하지만 버릴 수는 없다,
왜냐면 마음 가는 대로 살자고 다짐하고 부탁했기에.

그럼에도 나는 오늘도 아바타를 시켜 안부를 묻는다,
왜냐면 살아있기에.

나와 오지랖 넓은 아바타는 늘 이래 사는가 보다.

심·을·가·득·품·은·연·필·한·자·루

살아오면서 참 바보처럼 살았다고 속상해하지 말자.

그렇게 바보처럼 살아왔기에 오늘이 있지 아니한가.

어제 만나 술 한잔한 친구
오늘도 설레이며 기다려지는 시간들
다 여기까지 오려고 그렇게 살아진 것 아닌가.

지금 내가 사랑하는 모든 것들
지금 나를 사랑하는 모든 것들
지난 시간 바보처럼 아쉽게 살아온 덕분 아닌가.

어쩌면 오줄없이 살아온 시간들이 나를 여태까지 지켜준 힘일지도 모른다.

아침은 늘 설레입니다.

설레임의 이유가 많을수록 더 행복한 삶일 것 같습니다.

그 설레임의 이유 중에 함께 하고 있다는 사실에 감사합니다.
저도 누군가의 설레임에 포함되었으면 하는 욕심도 가져 봅니다.

우리는 행복해야 할 권리가 있습니다.
그래서 제가 부탁합니다.

행복하세요.

1 상선암 가는 길

경주 남산 상선암엘 가끔 갑니다.
몇십 년 전에 친구의 권유로 처음 올라가 봤던 곳
아내와 함께 다녀오기도 했고
아들이 어릴 때 극기훈련 한다고 데리고 5번이나 쉬면서 올라갔던 곳입니다.
아들이 세 번째 쉴 무렵
'아빠, 이건 우리 부자가 감당하긴 넘 벅차요. 그만 내려가요' 하는
달콤한 유혹을 했던 것을 이겨내고 끝까지 완주했던
뿌듯함의 추억이 있는 곳입니다.

상선암에서 만난 지인께서 반갑게 인사를 하면서
"우와, 여기까지 올라왔어요? 대단합니다. 어떻게 올라오셨는교?"라고
물었다. 대견해 보였던 것 같습니다.

어느 노스님께서 지팡이를 짚고 산 정상에 올라왔을 때 주변에서
"스님 어떻게 올라왔습니까?"라고 여쭈니
"한 걸음 한 걸음 걸어서 왔습니다."라고 답을 했다고 합니다.

2 상선암 가는 길

산 정상에
누구는 뛰다시피 가볍게 올라가기도 하지만
누구는 숨이 막힐듯한 고통을 이겨내고 오랜 시간을 지나서
도달하기도 합니다.

우리네 살아보니
빨리 올라가는 것도,
더디게 힘들게 올라가는 것도
다 한 걸음 한 걸음이 모아져서 만들어진 것입니다.

그래서 우리네 삶이 결과도 중요하겠지만 그 과정 또한 소중한 것입니다.

언제 또 상선암에 도전할지는 모르지만
내가 감당할 만큼 한 걸음 한 걸음씩 보태 올라갈 것입니다.

지금 우리는 어느 산을 향해 가고 있습니까?

3 상선암 가는 길

어느 스님께서
매사 이렇게 하라고 합니다.

이것을 봐도 '그렇구나' 하고
저것을 봐도 '그렇구나' 하고
'이렇게 되어도 '그렇구나' 하고
저렇게 되어도 '그렇구나' 하라고 합니다.

그게 되나 했지만
나이 먹으니
마음공부를 특별히 잘해서도 아니면서
'용맹'도 없어지고 '매가리'도 없어지니
자연히 그렇게 되어 가는 것 같습니다.

4 상선암 가는 길

'이렇게 돼야지' 하는 마음을 내려놓고
'저러면 안 되지' 하는 마음을 내려놓고
'이러면 어찌지' 하는 마음을 내려놓고
'저러면 어찌지' 하는 마음을 내려놓고
방하착放下着 하라.

그러면 무슨 재미로 사노?
그게 되나? 했지만

조금 빨리 가고
조금 늦게 가는 차이지
가는 세월
붙잡는 장사 없는 것 같습니다.

늦었지만 지금 또 느끼는 것은
'진작 이렇게 살걸'입니다.

이제 바램은
'그저 마음 편하게 사는 것이 최고'라는 것을 알아 가는 시절입니다.

심·을·가·득·품·은·연·필·한·자·루

'어제는 뭐했노?' 하고 묻기에,
'그냥 아무것도 안 하고 쉬었습니다.'
이렇게 답을 했습니다.

틀린 답이었습니다.
쉬는 것도 매우 중요한 일인 것입니다.
'일'과 '쉼'은 같이 가야 하는 소중한 것이라고 생각합니다.

우리는 쉬어야 한다는 것에 익숙하지 않은가 봅니다.
쉬는 게 뭔가 큰 잘못이라도 되는 것처럼 느껴지기 때문입니다.

쉼은 열심히 일한 것에 대한 보상이자
열심히 일하기 위한 준비이기도 합니다.

이제부터라도
쉬는 것의 중요함을 명심해야겠습니다.

누구는 나를

손이 많이 가야 되는 사람이라 했습니다.
맘이 많이 가게 되는 사람이라 했습니다.

그만큼 어슬프고 부족함 투성이었다는 것입니다.
그러나 그 덕에 여기까지 온 것 같습니다.

혼자는 감당키 어려웠을 그 많은 인연 앞에서
그래도 쉽게 좌절하거나 포기하지 않고 도전할 수 있었던 것은
귀한 손과 마음의 보탬이 있었기 때문이었습니다.

가없는 은혜임을 아는 데도 시간이 꽤 걸린 것 같습니다.

모두에게
고맙다는 마음을 전합니다.

1 누구는 나를

우리네 사는 게 거의 비슷비슷한 것 같습니다.
내가 좋으면 너도 좋고
내가 싫으면 너도 싫고
내가 아프면 너도 아프다는 거

그렇습니다.
우리네 생각하는 게 거의 비슷비슷하기 때문일 것입니다.
중요한 것은
좋은 것도
싫은 것도
아픈 것도 나 혼자만의 것이 아니라는 것입니다.

같은 시간에
같은 공간에
사는 우리는
함께 가는
도반(道伴)입니다.
그러므로
미운 짓 하거나
미워하면
내가 더 많이 아픕니다.

2 누구는 나를

지금 서 있는 자리가 편하세요?
지금 하고 있는 역할이 편하세요?
지금 만나는 사람이 편하세요?

내가 살고 있는 모든 것을 환경이라고 말합니다.
좋은 환경에서 태어나서 좋은 환경으로 살고 싶어 합니다.

어떤 사람들은
그 환경을 감사하고 행복하게 생각하면 살고 있고
어떤 사람들은
그 환경을 탓하고 원망하며 살고 있습니다.

더 좋아 보이는 환경은 있을지 모르지만
내가 바라는 좋은 환경은 바램이고 목표이지 내 것이 아닙니다.
지금의 나를 사랑하지 않으면
그 좋은 환경은 만들어지지 않는 것일지도 모릅니다.
성공했다는 사람의 대부분은
그 환경을 사랑하고 바꾸어 내었던 사람들이었던 것 같습니다.

환경을 탓하지 마세요.
나도 누군가에게 환경입니다.

3 누구는 나를

"밥 같이 먹을래요?"
"술한잔 같이 할래요?"

비지니스가 아닌 정(情)으로 생각이 나서 연락했다 하면 참 반갑고 고마울것 같습니다.

"식사는 하셨어요?"

식사 시간이 지나서 이렇게 안부를 물어봐줘도
참 고마울것 같습니다.

"몸은 좀 어떠세요?"

아프고 난 뒤
이렇게 물어봐준다면
나를 기억하고 걱정해준다는 마음에
눈물 날 만큼 고마울것 같습니다.

우리가 살면서 소소하게 감사하고 감동 받을 일들이
참 많은것 같습니다.

"왜 아끼시죠?"

4 누구는 나를

살다 보면, 배운 대로 마음먹은 대로 하기가 쉽지 않다는 것을 알게 됩니다.

물론 사람에 따라 더 잘, 더 멋지게 살고 하지만 그 가치는 비교불가입니다.

오십보 백보임에도
그 비교에 웃고 울고
격려하고 비난하곤 합니다.

"나도 너 같은 조건이면 그 정도는 할 수 있다."
이 말은
내가 처한 환경과 상황이 여의치 않았다는 것입니다.
그래도 이런 핑계와 이유로 변명을 삼을 수 있는 것도 어쩌면
축복일지 모릅니다.

다들 열심히 살고 있습니다.
잘하고 못하고는
우리가 쉽게 판단하고 욕할 문제가 아닙니다.

우린 그저 응원해 줍시다.

심·올·가·득·품·은·연·필·한·자·루

나는 어떤 바위일까요?

바위는 자기 이름을 말하지 않았지만
우리는 그 바위 이름을 지어 부르곤 합니다.

우리 눈에 비춰진 모습을 보고 이름을 지은 것 같습니다.

우리도 누군가에 의해 이름이 지어져 불리우고 있습니다.

바위도 그렇듯
우리도 본인의
좋다, 싫다 동의 없이 보이는 모습만으로 이름이 지어진다는 것입니다.

나는 어떤 이름일까요?

2

삶의 편지

이렇게 좋은 날에 그 님이 오시면 얼마나 좋을까?

이 노랫말처럼

내게는 그 님이 오시는 날이 좋은 날이고 아름다운 날입니다.

그래서 나는
그 님이 오심으로 해서 매일 좋고 아름다운 날이었으면 더 좋겠습니다.

오늘도 그 님이 오는 좋은 날이길 기다립니다.

아련하다.

꿈이었겠구나 생각하기엔 너무 선명하고
지나간 추억이라고 접어 두기엔 너무 멀지 않았고

절대적 가치로
실제 기억도 분명한데
어느 순간에
색즉시공, 공즉시색

사람은 시시때때로가 아니라 조석지변이라고 하지만

아서라
그때 나는 무엇이고
너는 무엇이었던고?

지금 내가 붙잡고 있는 것은?

◢ 살다 보니

살아보니
제대로 된 설계도를 가지고 살아온 것 같지 않다.
설계도가 있었다 해도 설계대로 된 일이 잘 없었던 것 같다.

지금도 설계대로 되지 않은 작품 속에서 마음앓이만 하고 있는 것 같다.

다시 설계를 하라 하면 더 잘할 수 있을까?

다시 설계를 하고 싶다.
그러나 그건 꿈일 것 같다.

설계를 의뢰했든, 스스로 설계했든 그것은
능력이 부족하거나
노력이 부족했든 간에
지금 나는 내가 가질 만큼 인연값을 치르고 있는 것 같다.

2 살다 보니

여느 날처럼 여여하게 사는 것처럼 느꼈지만 매 순간 늘 전쟁이었다.

내 속에 바람만 불어 넣으면 되는 줄 알았다.
가장 큰 풍선이 1등이 되는 줄 알았기에 온갖 정성을 다해 바람을 넣었다.

어느 날 풍선은 한계치에서 터졌다.

바람은 내 것이 아니었다.
풍선이 없어졌다.

아뿔사, 그저 난 풍선이었을 뿐!

3 살다 보니

"혹시 제 이름 기억하세요?"

기억이 안 난다.
기억의 저장고에서 행방이 묘연해진 것 같다.

한때는 안달일 만큼 불리었을 그 이름조차도
내가 그 이름 기억이 어렵듯이
나도 누군가에게 까마득하게 잊혀져 있을지도 모른다.

오늘은 노트에
그 사람의 이름 석 자를 적어봐야겠다.

기억이 불려지면
아무렇지 않게 뜬금없는 안부를 전해봐야지

그간 잘지냈냐고
늘 생각하고 있었다고.

4 살다 보니

인생은
늘 조금만 더 길었으면 하는 상대방 쪽 탁구대와 같은 것 같다.

결론은 탁구대가 짧아서 내공이 안 맞는 게 아니고
공을 받아친 내가 부족했기 때문이었는데

그럼에도 짧아서 그랬다는 핑계 댈 탁구대가 있어서 좋다.

변명의 기술과 습관은 나를 죽지 않고
오늘도 뻔뻔스럽게 살아가도록 하는 큰 힘이 된다.

심·을·가·득·품·은·연·필·한·자·루

숟가락은 국물 맛을 모릅니다.

금수저면 뭐하고
흙수저면 어떻습니까?
맛을 모르는 것은
다 똑같습니다.

우리네 삶에서
부족함에 대한 원망은 늘 끝이 없을 것입니다.

금수저임에 우쭐 말고
흙수저임에 속상해 말고
숟가락에 담긴 국물 맛을 느끼는 게 소중한 것 같습니다.

그때 알았더라면

지금 많이 아쉽고 후회된다.
지금 그 시절, 그 시간으로 되돌려진다면
더 잘할 각오도 자신도 있는데
지금 다시 되돌아갈 수 없다는거다.

근데 더 속상한 것은
지금부터라도 잘하면 되는데
지금은 또 지금 해야 하는것에 대해
잘 모른다는 것이다.

◢ 지금 나의 어떤 것은

사람과 사람 사이에도 등급이 매겨져 있는 것 같다.

그래서 어떤 이는 존대받고, 어떤 이는 천대받는 경우도 있는 것 같다.

그래서 소중한 사람이 있고, 필요한 사람이 있고, 귀한 사람이 있고, 좋은 사람이 있고, 싫은 사람이 있다.

누군가의 글에 이런 구절이 있다.

'나에게 소중한 사람은
대단한 능력을 지닌
사람이 아니라
함께 밥을 먹을 수 있고
전화를 걸고.
오늘의 이야기를 나눌 수 있는 바로 그 사람이다.'

나는 누군가의 소중한 사람 속에 포함되어 있을까?

2 지금 나의 어떤 것은

똑똑!
노크 소리가 그리울 때가 있다.

그렇게 분주해 보였지만
정작 나는 늘 혼자인 것처럼 느껴질 때가 있다.

어디로 가야 하나?
누구를 찾아야 하나?

문득문득 지울 수 없고, 놓을 수 없는 그리움을 찾아가고 싶다.

그냥 받아 줄 것 같아서
'그냥 간 것인데
혹여 왜 왔냐고 물으면 슬플 것 같다.

근데 혹여 내가 간 사이
누군가 그 그리움으로, 외로움으로 내게 달려오면 어떡하지?

똑똑! 노크하면
묻지도 따지지도 않고 '들어오세요.'라고 말해 줘야 하는데,
그런 사람 있으려나?

3 지금 나의 어떤 것은

마음을 주려는 것인가?
마음을 얻으려는 것인가?

사람들은 분별도 없고, 감당도 안 될 마음을 두고
호수다,
갈대다,
한 조각 구름이다
라고도 했다.

착하다고도 했고
간사하다고도 했고

빼앗겼다고도 했고
빼앗았다고도 했다.

오늘은 흔적 없고
분별없는 내 마음 찾는
바보짓이나 해봐야겠다.

🌟 지금 나의 어떤 것은

"언제 밥 한번 먹자."
"다음에 술 한잔하자."
"같이 함 가자."
"곧 연락할게."
어찌 보면 우리에게 너무 익숙한 의례적 인사말이다.

그런데 이런
습관적 인사가 누군가에게는 거짓말쟁이가 되기도 한다.
그 말을 기다리는 누군가 있다.

진짜 밥 같이 먹고 싶고, 술 한잔하고 싶고, 차 한잔하고 싶고,
같이 가고 싶다면 가능한 시간을 서로 맞춰보아야 할 일이다.

기다린다는 것은 믿는다는 증거이다.

지난날을 돌아본다.
쉽게, 지나가는 말을 남발한 것들은 없는지?

심·올·가·득·품·은·연·필·한·자·루

여느 때 어느 누가 내게 물었다.

"누구를 생각하면서 선물을 사본 일이 있느냐?"

거의 없었던 것 같다.
맨날 받기만 한 것 같다.
그래서 선물 사는 게 익숙하지 않고
서툴고, 힘들었는가 보다.

'존재가 선물이다' 란 말에 현혹되어
세 치(눈치, 코치, 염치)가 없는 사람이 되었을 것 같다.

나에게 '선물' 은 뭐지?
내가 준비한 '선물' 은 뭐지?

까마득합니다.

"무엇을 해주는 사람이 아니라,
그냥 옆에서 있어 주는 것만으로도, 고마운 사람이 있지요?
인생이란 길지 않은 짧은 시간에
그런 도반이 있다고 느끼는 것이 축복이 아닐까요?"

있음에도 느끼지 못한다면 내 욕심에 가려서일 것입니다.

나는 누구에게 그런 존재적 도반이 될 수 있을까요?
이 바램이 또한 나의 욕심일 것입니다.

방하착(方下着)
까마득합니다.

1 기다림 혹은 희망

잠자리에 들 때는 예쁜 꿈을 기다렸고
새 아침을 기다렸을 것입니다.

점심시간이 기다려지고
퇴근이 기다려지고
주말이 기다려질 것입니다.

소풍이 기다려지고 방학이 기다려지고
그 기다림의 시간은 내용에 따라
참 길게도 느껴지고 짧게도 느껴지는 차이가 있을 것입니다.

일할 때는
지치고 힘들 때가 많습니다.
그럼에도 견디고 지내오는 것은
살아야 하기 때문이기도 하지만 기다림이 있기 때문일 것입니다.

오늘도 그 기다림의 시간입니다.
우리는 무얼 기다리고 있나요?

희망이 이뤄지는 기쁜 날 되시길 바랍니다.

2 기다림 혹은 희망

우리는 늘 두 가지 이상의 경우 수 앞에서
갈등을 하게끔 만들어져 있는 것 같습니다.

할까? 말까?

했든 안 했든
그 시간이 지나고 나면 안도하거나 후회를 하게 됩니다.

이게 참 얄밉고도 야속한 게
늘 안 하는 게 더 편하다 싶게끔 한다는 것입니다.

근데 정답은 아니지만 당장은 귀찮고 불편하고 부담되지만
하는 게 더 맞거나 좋다는 것입니다.

'해야 되는데' 하는 것은 하기 싫다는 뜻이라고 합니다

지금은 사람의 도리를 말하는 겁니다.
사람의 도리라는 게 다 모르지만 참 어려운 것 같습니다.

비록 몸과 경제적 부담은 더 되겠지만 내가 조금만 더 부지런하면
나는 더 좋은 사람으로 될 수 있는데 말입니다.

3 기다림 혹은 희망

꼭 한 사람은 내 편이 되어주었으면 좋겠습니다.
나도 누군가에게 딱 한 사람이 되었으면 좋겠습니다.
나 때문에 한 사람이라도 즐겁고 힘이 되고 위안이 되었으면 좋겠습니다.

누구에게 그 사람의 편이 되고 있습니까?

우리는 살면서 다른 사람은 몰라도 어떠한 경우든 그 사람은
내 편이 되어주면 좋겠다고 생각하고 바랍니다.
그러면서도 나도 누군가에게 어떠한 상황에도
그 사람 편이 되어주어야겠다고 다짐합니다.

믿음은 상호간의 가치와 정서적 공유가 바탕이기도 하지만
그냥 이기도 합니다.

꼭 한 사람은 내 편이 되어주면 좋겠습니다.
그렇듯이 나도 누군가에게 딱 한 사람이 되었으면 좋겠습니다.

오늘은 그 사람에게 내 마음 더 다잡고 다짐하는 시간 만들겠습니다.

그런 사람 곁에 두고 계십니까?

4 기다림 혹은 희망

오늘은 뭐 하세요?
이 오늘이 온전히 내 것입니까?
내 것 같은 이 오늘도 나만의 것이 아니라
나와 인연 맺은 분들과 공유된 것이라고 생각합니다.
그러다 보니 내 맘대로 잘되지도 않지만 내 맘대로 해서는 안 되는 것입니다.

살다 보면
일정이란 이름 속에 우리는 약속을 하기도 하고 받기도 합니다.
약속을
목숨처럼 생각하고 지키는 분도 있지만 가볍게 생각하는 분들도 있습니다.

약속은 신뢰하기에 만들어지는 것입니다.
약속을 이행할 수 없는 상황이 생기면
상대가 충분히 이해할 수 있도록 조치하여야 하는 책무가 있는 것입니다.

그런데 제일 기분 나쁜 해명 중 하나는
'더 중요한 일이 생겨서'입니다.
중요하지 않은 약속은 존재하지 않습니다.

우리는 더 중요한 일이 생겨
덜 중요한 약속이 미뤄지거나 취소되는 일은 없었으면 좋겠습니다.

심·을·가·득·품·은·연·필·한·자·루

내게는
미웁지만 미워할 수 없는 사람이 있습니다.

미움은 찰나이지만
고맙고 감사함은 늘 여여하기 때문입니다.

한 번의 미움으로 아홉 번의 고마움이 가려지면 안 되기 때문입니다.

내게는 미웁지만
미워할 수 없는 그 사람이 있다는 것은 축복입니다.

그 사람에게
고맙다는 마음을 전하고 싶습니다.

나에게는 항체가 생기지 않는 고질병이 있다.

어지간하면 이제는 면역체계가 갖추어졌겠지만
아직도 그때마다 생소한 낯선병

아파서 여물어졌다면 지금은 굳은살이 박혀서 아무 감각도 없어야겠지만
여전히 아프다.

이별의 인연을 감당할 자신이 없다.
이별이 두렵다.
이별 당할 때마다 아프다.

이 귀한 인연과
어떻게 헤어질 건데?

1 나를 살게 하는 힘

내게 주어진 것이 너무 짧아 감질이 난다.
조금만 더 길었으면 얼마나 더 좋겠냐마는

내가 할수 있는 시간이 너무 짧아 감질이 난다.
조금만 더 길었으면 얼마나 더 좋겠냐마는

한참을 지나고 보니
그 짧은 감질나는 시간이 내겐 기회요 축복이었다는 것을 알았다,

그 주어진 것이 짧고 할 수 있는 시간이 짧은 것이 아니라
그 주어진 것을 할 수 있는 시간을
내가 할까 말까 딸막거리다 놓쳐버렸을 뿐이었다.

어쩌면 기회도 시간도 무한한줄 알았을지도 모른다.

이제는 또 놓치지 말고 해야지.
사랑한다고
고맙다고
미안하다고.

2 나를 살게 하는 힘

'그게 무슨 의미가 있노?'라는 생각이 자꾸, 자주 든다.
'의미가 없어진다'는 것은 늙어졌다는 거다.

어느 날 저녁에
비록 거창하지는 않았지만
물, 비빔냉면 하나씩 시켜 반씩 돌려먹고
십 원짜리 빵 하나 사서 한 번씩 베어 먹어도
함께 했다는 살뜰한 이벤트였다고
의미를 가진다면 감사하고 행복한 거 아닌가?

내 몸이 에너지가 딸리기 때문에
설레임과 신명이 나지 않는다고 말하기 전에
매사 긍정으로 의미를 만들어 인생 즐겁게 사는 기술이 필요하다.

의미는 내가 만드는 것이며
그 만들어진 의미는 나를 가치 있고 즐겁게 만들고
그 만들어진 즐거움은 내 삶을 신명나게 살찌운다.

우리 사는 게 의미를 두면 의미 없는 일이 없다.

3 나를 살게 하는 힘

생각은 다 비슷하지만
결과와 결론이 판이한 것은 각자의 이익 추구가 다르기 때문일 것이다.

그럼에도 우리는 다름과 틀림의 차이를 구분도 극복도 못 하면서
자기방어와 방편을 만드는 치유의 놀라운 자생 능력이 있기 때문인 것 같다.

우리는
모순투성이 자기에게 늘 관대하다.

우리를 부끄러워 죽지 않도록 하는 힘은
변명할 꺼리를 만드는 능력이 있기 때문인 것 같다.

나쁨는 나我입니다!

4 나를 살게 하는 힘

헛걸음했다고 속상해하지 말자.
수 없는 헛걸음이 있었기에 진걸음도 있는 거

넘어졌다고 속상해 말자.
수 없는 넘어짐이 있었기에 일어섬도 알았다는 거

우리가 살아오면서 수 없는 시행착오를 통해서
잃기도 했지만 배운 것도 많다는 거

잘 정리된 타인의 인생노트보다는
비록 엉망인 것처럼 보일지는 모르지만
내 비망록이 지금의 나를 만들어준 것.

우리는 지금까지 헛걸음도 하고 넘어지기도 하고 상처도 받으면서
내 비망록은 까물태기도 하고 황칠도 되었지만
실패라기보다는 경륜의 훈장을 달고 있는 거

그동안 정답 없는 인생길에서 나침판 하나 없이도
여기까지 온다고 욕본 우리는 대단한 영웅이다.

심·올·가·득·품·은·연·필·한·자·루

왜 사는교?

이 질문은 늘 뜬금없이 날아오면서 사람을 당황하게 한다.
준비된 답이 없다 보니 답이 간결하거나 명료하지 못하고 장황하다.
세상에 이 질문에 답할 수 있을 만큼 준비되어 사는 사람이 얼마나 되겠노?

우리네 사는 게 다 똑같지는 않지만 대부분 비슷한 게
'왜 사냐?'고 생각하고 살 여유 갖고 사는 것 자체가 사치라는 거다.

어쩌면 '왜 사나?'라는 생각 없이
하루하루 보태가면서 살아갈 수 있는 것이 더 행복할지도 모른다.

"그냥 산다."

함부로 목숨 걸지 마라.

얼마 전까지는
난 죽었으면 죽었지 저렇게는 안 산다고 해놓고
그렇게 살 바에는 차라리 죽어버린다고 해놓고

지금은 내가 이렇게 살 거라고는
꿈에도 생각 못 했다고 하면서 살고 있다.

우리네 삶
지 맘대로 안 되는 거
이럴 수도 있는 거고
저럴 수도 있는 건데
그 귀한 목숨 함부로 걸지 마라

'당하니 다 살아지더라'는 독백으로
또 살게 되더라는 거

◢ 제자리 찾기

인생(삶)에도 정리수납이 필요한 거 같다.

언제부터인지는 모르지만
내 어깨를 누르고 있는 등짐이 있다는 걸 느끼게 되었다.

짊어지고 있는 삶의 등짐에는 무엇이 담겨있는지도 모른다.
천형天刑의 원죄도 있었을 것이고
내 삶의 필요에 의해서 내가 넣었을 것도 있겠지만
그 무게조차도 모른다.

나이 들고 경륜을 자랑할 때엔
나를 지탱하고 버티게 해준 보물보따리라고 생각했던 것이
이제는 지고 이고 가야 할 짐으로 느껴지기도 한다.

이제는 비워야 한다는 말이 더 와닿으면서도
무엇을 어떻게 비워야 하는지를 모른다는 것이다.

그렇다고 가방을 통째로 다 버릴 수는 없는 거

내 삶의 온 때가 묻어있는 짊어진 가방은
끝내 지고 간다.

2 제자리 찾기

있을 자리에 있어야 좋다.

어떨 때는 필요한 물건을 찾는데
분명히 거기 있었는데 없어 당황한다.

온통 난리를 친 뒤에 전혀 다른 곳에 있는 것을 찾거나
아님 끝내 못 찾아 아쉬울 때가 있다.

찾는 내가 정신이 없어서 그러기도 하고
쓰고는 원래 있었던 그 자리에 원상복구를 해놓지 않아 사단이 나는 것이다.

예전부터 제자리를 지키라 했다.
사람이든 물건이든 늘 있던 자리에 있어 줘야 찾는 사람이 수월하다.

내 쓰임이 더 효율적이고 생산적이려면 있을 자리에 있어 주는 거다.

오늘도 나는 혹여 내가 있어야 할 자리는 잘 지키고 있는가를 살펴본다.
누구든,
언제든 ,
급하거나 캄캄할 때도 손 내밀면 잡힐 수 있어야 하기 때문이다.

3 제자리 찾기

살다가 가끔 놀라고 감탄스러운 것은
스스로 핑계를 만들 수 있다는 거다.

하고 싶을 때는 방법이 많이 있고
하기 싫을 때는 이유가 많다고 했듯이

보슬비가 내리면
'게으른 사람 놀기 좋은 비다'라고 한다.
비를 핑계 삼아 일을 안 한다는 뜻일 것이다.

날이 추워지면
또 여러 가지 이유나 핑계가 슬그머니 나타나서 나를 유혹할 것이다.

나는 그 속에서 내 편함의 이기적인 잔머리를 굴릴 것이다.

어떤 것이 이유 있으면서 더 이익인가?

4 제자리 찾기

누가 묻던, 내가 묻던
가장 사랑하는 게 무엇인지를 답할 수 있는가?
사랑이 뭔지도 모르면서
어찌 가장 사랑하는 게 무엇인지를 구분 짓는단 말인가?

가장 소중한 게 무엇인지를 답할 수 있는가?
소중한 것이 어떤 것인지도 모르면서
어찌 가장 소중한 것이 무엇인지를 알겠는가,

우리는 늘 껍데기로 살고 있는지도 모른다.
아무것도 모르면서 그저 지금을 위해 빌려 쓰고 있는지도 모른다.

사랑한다.
이 한마디만큼 함축된 표현이 어디 있겠는가?
그래서 쉽게 가져다 쓰는지도 모른다.

나는 또 나에게 묻는다.

사랑은 있나?
소중하지 않은 게 있나?

심·을·가·득·품·은·연·필·한·자·루

요새 따라 자꾸 거울을 봅니다.
옷장 속의 옷들을 자꾸 꺼냈다 넣었다 합니다.

잘 보이고 싶은 마음이 있는가 봅니다.

거울에 비춰진
내 모습이 참 괜찮다는 생각은 안 듭니다.
그럼에도 메꾸려는 마음이 쓰입니다.

잘 보이고 싶은 마음이 있다는 건
아직 살아 있기 때문인 것 같습니다.

큰강은 물을 붙들지 않는다.

인연이 있다면 바다로 흘러가다가 수증되어
구름과 비가 되어
어느 골짝을 통해 이 강을 다시 지난들
또 잠깐이겠지만 그렇게 열어둔다.

큰강은 지나간 배를 탓하지 않는다.
그저 찰나에 기억되지 않을 흔적뿐인데
좋고 그름을 논하고 탓해서 무엇하겠는가.

지나갔음이 있고 없음일진데
오늘도 나는 강물을 붙들고 지나가는 배를 살핀다.

1 살면서 나는

가끔은
가슴이 울컥하고
눈물이 날 만큼
감성 들 때가 있다.

이러한 현상에 스스로 깜짝 놀란다.

나이가 들면 여성호르몬이 늘어나서 그렇다고 말들을 하지만
지금까지 살아온 축적된 경험이 반사되어 나오는 거겠지요.

내가 왜 이럴까?
나도 이렇게 되는가? 싶지만
내 나이테에 또 다른 내가
그렇게 채워지는 것 같습니다.

나이는 그냥 먹는 게 아닌 것 같습니다.

2 살면서 나는

우리는 늘 일 더미 속에 파묻혀 사는 것 같다.

해도 해도 끝이 없는 일
하고 싶을 때 하는 일,
해야 할 때 하는 일,
누가 시켜서 하는 일.

어차피 해야 할 일이라면 지금 하고
누군가 해야 할 일이라면 내가 한다.
라는 가르침이 생각난다.

일을 하다 보면
나의 일을 할 때는 덜 힘들고 즐거운데
남의 일을 할 때는 재미도 없고 힘도 더 든다.

일은 해야 할 숙제이고
숙제는 하기 전까지는 늘 숙제이다.

3 살면서 나는

걱정한다고 걱정이 없어지면 걱정할 필요가 없겠다는 말을
오래전부터 좋아하고 새겨왔지만 걱정 앞에는 걱정만 가득하다.

그저 살아 있으니 걱정이 있고
걱정이 있으니 살아있다는 증거라고 자위한다.

누가 물었다.
"그 집에는 무슨 걱정이 있노?"

"집집에 다 남모르는 사연 있더라."

내가 아픈 거는 너도 아프고
너가 아픈 것 은 나도 아프다
라고 말하는 것은 우리네 사는 게 다 고만고만하다는 뜻이겠지요.

그래도 다행이다.
천석꾼도 만석꾼도 아니어서 걱정꺼리가 적다는 거

자랑합니다.

4 살면서 나는

결과에 대한 평가는 늘 양면인 것 같다.

칭찬은 고래도 춤추게 만드는 에너지이기도 하지만
자칫 과해 독이 될 수도 있고
비판과 꾸지람은 좌절케도 하지만
또다시 추스르고 도약하는 채찍이 되는 것도 같다.

늘상 칭찬만 가득했으면 좋겠지만
과정이나 결과에 따른 비판은 피해갈 수가 없을 껌딱지이다.

우리는 완성체가 아니기 때문이다.
우리네 삶이 야속하게도
미완의 나에게 배우고 익혀서 만들어 가야 하는 과업을 준 것 같다.

우리가 경계해야 되는 것은 우리 주제에
이 정도 했으면 되었다고 자평 자족하는 것이다.

더 분발해야 더 나은 나를 만들어 갈 수 있다.

심·을·가·득·품·은·연·필·한·자·루

늘 부족했음에 아쉬워합니다.

딱 지금 생각에
다시 하라면 더 잘할 수 있을 것 같습니다.

그렇지만 이미 지나가 버렸습니다.

지금 할 수 있는 것은 지금부터 더 잘하는 것입니다.

그러면 내일부터, 한 번 더 하면
더 잘할 수 있을 건 데라는
후회와 아쉬움을 줄일 수 있는 것이기 때문입니다.

뛰어야 하고 뛰고 있습니다.

뛰어가다가 갑자기 멈추어 서는 것은
내가 왜 뛰어가는가를
잊어버렸기 때문이라고 합니다.

뛰어가다가 잠깐 멈춰 서는 것은
뛰어가는 방향이 맞는가와 적절한가를
살펴보기 위해서라고 합니다.

우리네 사는 것이
정답도 없고 길도 보이지 않기에
적토마처럼 그저 죽어 쓰러질 때까지
달리는 것은 아닌지 생각합니다.

그럼에도 우리는
오늘 또
뛰어야 하고 뛰고 있습니다.

1 니가 있어서

편하기는 한데 친하지는 않고
친하기는 친한데
편하지는 않고

이 차이는 무엇인가요?

우리는 친한 사이입니까?
우리는 편한 사이입니까?

친한데 안 편하고?
편한데 안 친하고?

이런 질문 속에
친하면 편하고
편하면 친하다고
생각해왔던 우리의 생각이 띵해집니다.

진짜 우리는요?

2 니가 있어서

내게는 두 친구가 있는데,
한 친구는 아침마다 안부 카톡을 보내준다.
직접 작성했든 다른이 것을 퍼왔든 하루도 빼지 않고 보내준다.
너무 감사해서
꼭 답글을 올린다.

한 친구는 내가 보낸 안부를 보고도 그냥 씹는다.
보내라 해서 보낸 것이 아니기에 원망의 대상은 아니다.

내 생각에 빠져 그냥 생각나서 안부를 보낸 건데
이것이 또 하나의 불편함을 주는 스토커일 수 있겠다는 생각이 든다.

댓글 다는 것도 쉽지 않을 것입니다만
그래도 안부는 직접 작성하는 맞춤형이었으면 좋겠다는 생각.

오늘도 그 생각 하나 때문에 내 생각을 전한다.

3 니가 있어서

뒤돌아보면
내 길다면 길고 짧다면 짧은 삶에 있어
니가 한 번도 없었던 적이 없었네.

그런데 좋았을 때는 당연히 내 공이었고
니는 내게서 늘 안 좋았을 때만 불려졌던 이름으로 기억되네.
온갖 원망은 니게 다 뒤집어씌우면서 내 탓을 희소시켰네.

그럼에도 니는 늘 내 곁에서 있었네.

어쩌면 지금까지 이렇게 뻔뻔하게 살아가는 것도
내 부족함과 부끄러움을 다 니 탓으로 덮어씌어도
다 감당해준 니 덕분인 것 같다.

늘 니를 안 팔려 했는데 그게 쉽지를 않네.

니가 고맙데이.

4 니가 있어서

내가 자랑하고 싶은 거 있을 때
내가 기쁜 일이 생겼을 때
내가 속상할 때
내가 화가 났을 때
내가 정말 슬펐을 때
니는 늘 내 곁에 있었다.

니가 없었으면
내 자랑꺼리와 기쁨을 어떻게 향유할 수 있었으며
니가 없었다면
그 많은 슬픔과 힘듦, 화남과 속상함을
어디에다 토설하고 위로받아 다 감당할 수 있었겠는가?

지금 내가 자랑으로 힘을 키우고
슬픔과 힘듦으로 굳건하게 만들어진 것이 니가 없었으면 가능했겠는가?

지금의 나를 그동안 지켜주고 키워준
니가 내 곁에 있어서 고맙데이.

심·올·가·득·품·은·연·필·한·자·루

"너 언제 정신 차릴래?"

이 소리 들을 때가 그립습니다.

이제는 언제까지 정신 차리고 살 수 있을까?
걱정을 하게 됩니다.

주변에서 정신없다는 소리를 듣고
나조차 요새 정신이 많이 없어졌다는 생각이 듭니다.

이 나이가 되니 겨우 정신 차렸다고 생각했는데
어느새 도망간 정신을 붙들어야 할 상황이 되었습니다.

정신아! 너는 왜 자꾸 도망가?

3

아침편지

괜찮지를? 다 잘될 거야.

이른 아침에
괜찮지를?
이렇게 물어봐 주는 누군가가 있으면 든든하겠지요?

늦은 밤에
다 잘될 거야.
이렇게 응원해 주는 누군가가 있으면 힘이 되겠지요?

그런 사람이 있기를 바라면서
나는 왜 그런 사람이 되려고는 하지 않는지요?

내가 기다리는 그 사람도 누군가를 기다리는 사람일 것입니다.

'선(線)을 넘지 마라' 앞에 멈춰버림의 갈등

먼 훗날 오늘의 선택은 어떻게 나타날까?
그 선을 넘어서 참 잘했다고 안도와 자찬할 수도 있을 것이고
그 선을 넘지 못해서 회한이 가득한 아쉬움도 있을 것이다.
선은 누가 그었을까?
선의 시작은 언제부터일까?
선은 어디에 있을까?
선의 길이와 굵기의 기준표는 누가 정할까?
선 안에 갇혀버린 우리는 선이 두려워
선을 지울 생각을 못 하고 있다.

선(線)은 선(善)일까?

사랑의 업동이

사랑의 업동이는 늘 배고프다.
그래서 늘 사람 냄새가 그리워 노크를 한다.
안에 누가 있을진데 기척이 없다.
아침부터
응대하기에 귀찮겠지.
노크를 세 번 이상은 안 하는 게 예의겠다.

안에 있으면서 없는 척하는 것도 쉬운 일이 아닐진데.
어떤 이는 바빠서 그러니 신경쓰지 말고 안 바쁜 내가 계속 노크를 해 달란다.

세 번 노크를 했는데 기별과 응대가 없다.
그렇다고 안녕이라고 작별 인사를 할 수는 없다.
처음부터 시작 인사를 나눈 일이 없기에
그저 흐물흐물 사라지면 된다.
이래 놓고 세 번 노크를 한 셋트로
또 세 셋트를 할지도 모른다.
업동이는 지맛에 참 오줄없다.

2 사랑의 업동이

너무 공짜만 바라는 거 아닌가?
너무 그저 먹을라 하는 거 아닌가?
세상에는 공짜가 없다는데

그럼에도
손끝 하나 안 움직이고 마음 하나 나누지 않으면서도
당연한 것으로 생각하는 것은 욕심을 넘는 것이다.

전생에 나라를 구했거나 큰일을 했기에
이생에서 복덕을 누리는 사람을 부러워하는 상놈은
그저 믿는 것은 발 덕뿐이다.

생명 없는 핫팩도 만져주니 뜨거워지듯이
관계도 노력일 것이다.
사랑의 업동이는 양보할 여유가 없다.

3 사랑의 업둥이

여태껏 해왔다고
그것이 맞다는 것은 아니다.
혹여 내가 맞다고 믿고 행함이
내 혼자의 틀에 갇혀 세상으로부터
나를 옭아매는 일은 아닌지 살펴본다.

내게 맞고 안 맞고는
내가 알고 결정하는 것 같지만
결국은 나를 보는 타인의 기준에서 의식되는 것이라는 것.

내가 누군지,
어떤지,
뭐가 맞는지를 정확하게 모르기에
기준도 중심도 없이 흔들리는 것.

어쩌면 평생을 살아도
내가 어떤지를 제대로 모르고 사는 만용 때문에
지금을 부끄럼 없이 사는지도 모른다.

4 사랑의 업둥이

평생을 해봐도 정리되지 않은 것들이 많다.
오늘 몇 가지 중에 하나만을 선택해야 한다면 뭘 하지?
가진 것도 그렇고
가지고 싶은 것도 그렇고.

막상 정리해보려면
이건 이래서 그렇고
저건 저래서 그렇고
아닌 게 없다.

가지고 있어 버거운데도 불구하고
옷장 가득한 옷 중에
입을 것도 하나 없고 버릴 것도 없는 경우와 같은 것.

버리고 비워야 산다.
알면서도 안된다.
가장 먼저 버려야 할 똥이
머리에 가득 차 있기 때문임을 안 지가 얼마지 않다.

이제는 확 비워 봐야지.

5 사랑의 업둥이

늘 그대로 일뿐인데
내 얄팍한 마음은
시시때때로 요동을 친다,
강은 그대로인데
흘러가는 강물이 출렁일 뿐인 것처럼.

밉다고 밉다 한 일이 없는데
내 투정은 투정 부리면 안 되는 사람에게만 한 것 같다.

고맙다고 말하고
좋다고만 말해도 늘 부족할진데
정작 그 말은 아끼고 아쉬운 얘기만 퍼붓고 있었다.

늘상 있으니 귀함을 모르고 호강에 겨워서
하고픈 얘기는 숨기고 늘 트집만 잡는 못난 짓만 해 왔다.

고맙고 감사함은 스스로 만들고 사용할 때만
그 가치가 높아지는 것일진데!

6 사랑의 업동이

내 눈높이가 낮았기에
매사 목이 아플 만큼 제껴 쳐다볼 수밖에 없었다.

울 엄마는 내게
위만 쳐다보지 말고 아래도 보라고 하셨다.
위만 쳐다보면 너무 힘들다고 하셨다.
그런데 나는 내려다볼 눈높이가 되지 않아
모두가 내 높이보다 더 높았기에
목을 제껴 쳐다보지 않을 수가 없다.

나는 가끔은 이런 꿈을 꾼다.
날 은근하게 쳐다보는 낮은 이에게
그윽한 눈빛으로 내려보며 포근하게 감싸며 보는 것이다.
일어날 수 없는 꿈같은 얘기이고 희망일뿐이다.

나도 제공권을 누리고 싶다.

심・을・가・득・품・은・연・필・한・자・루

못 먹어서 야위는 것이 아니라

껄떡거려서 야윈다는 말이 있다.
우리는 껄떡거림에 대해 부정적인 생각을 가지고 있는 것 같은데
껄떡거림은 어떤 것에 대한 바램의 표시인 것이다.
사람이 나이가 들고 몸에서 에너지가 빠지면 열정이 사라지고
의욕이 줄어들면 자연스럽게 껄떡거림도 약해질 수밖에 없는 것이다.
껄떡거림은 자제력에 따라 표시 차이는 나지만
모든 욕구에 대한 표시인 것이다.
껄떡거림이 있다는 것은 아직 건강하다는 징표인 것이다.
내 몸에 딸린 것조차 내 말을 듣지 않아 이것저것도 다 포기할 때쯤 껄떡거림이 있었던 그 시절을 그리워할지도 모른다.
더 늦기 전에 삶의 에너지를 더 돌려라!

사람이 살다보면 애가 탈 때가 있다

그럼에도 타인은 내가 애가 탐을 모를 때가 많다.

애가 탐은 그 일이 크든, 작든, 깊든, 얕든 관계가 없지만
타인은 '그만한 일에'라고 치부해버릴 때가 많다.
우리는 그만한 일에
뭐 그러냐고 아니라
그럴 수도 있겠다는 맘을 읽어 준다면 좋을 것인데…

역지사지
애가 타는 내 마음을 누가 알아주길 원하듯이
애가 타는 누군가의 마음도 읽어 주는 좋은 사람이 되고 싶다.

1 애타는 마음

사과하는 것은 지는 것이 아니고
모두가 이기는 아름다운 것임을 알 때는 많이 늦더라.

사과는 갑甲이 하는 것이다.
사과는 힘이 센 사람이 하는 것이다.
사과는 이긴 사람이 하는 것이다.

그럼에도
사과는 주로 을乙이 한다.
사과는 힘이 약한 사람이 한다.
사과는 진 사람이 한다.
계속 살아야 하기 때문이다.
버티면 더 다치거나 죽거나 하기 때문에 살기 위해서 하는 것이다.
그래서 옛말에 '억울하면 출세하라'고 했는지도 모르겠다.

진짜 이기는 멋짐을 하고 싶고
보고 싶다.

2 애타는 마음

"밤새 안녕하셨습니까?"

우리네 인사 중에
가장 친근감 있는 아침 인사 중의 하나일 것이다.
깊은 숙면 후 가뿐하게 일어나는 꿀잠을 늘상 기대하지만
그렇지를 못 하는 게 더 많다는 것이다.

꿈이라는 게 늘 나를 편안한 잠자리로 만들어주지는 않는다.
자다가 벌떡 눈 떴을 때
악몽이었으면 천만다행이고
달콤한 스토리였다면 매우 아쉬운 게 끊긴 꿈이다.
오늘도 꿈 때문에 잠자리는 '휴~'라는 안도와
다시 꾸고 싶은 몇 번의 전쟁과 휴전을 겪는다.

어느 가수의 노랫말처럼
'꿈이라면 깨기 싫었어.'
난 늘 이런 꿈을 꾸고 싶다.

3 애타는 마음

여행을 하면서
여행을 꿈꾸며 사는 것 같습니다.

밥을 먹으면서
밥 먹는 꿈을 꾸고 사는 것 같습니다.

좋은 사람을 만나면서
좋은 사람을 만나는 꿈을 생각하며 사는 것 같습니다.

우리네 삶이 늘
좋은 사람과 함께 하면서, 밥을 먹으면서, 여행을 하면서도
지금 하는 것은 아닌 줄 알고 있는 것 같습니다.
분명한 것은
지금 내가 하고 있는 것은 내가 누릴 수 있는 최고의 선물입니다.
더 나은 내일은 오늘을 감사할 줄 아는 사람에게 다가오는 선물입니다.

그래서 오늘의 나를,
지금을 사랑하라고 하는가 봅니다.

4 애타는 마음

한 번씩 아우가 묻는다.
"형님은 안 그런교?"
"형님도 그렇든교?"

세월의 흐름에 쫓기다 만난 상황이
낯설거나 당황스러웠기 때문에
그 시간을 먼저 지나온 형에게 묻는 것일 거다.
이렇게 묻는 것은
낯선 현상에 대해 확인하고
그게 일반적인 상황이라면 지혜를 구하는 것일 거다.

나도 그렇게 묻고 지나왔듯이
나 또한 후배에게 전해 주어야 할 책무가 있는 것이다.
내가 먼저 걸어온 형뇨이기 때문이다.

5 애타는 마음

우리는 '더more' 때문에 살고
'더more' 때문에 죽는지도 모른다.

더 잘 해야 되고
더 많이 해야 되고
더 오래 해야 되고
더 멋져야 되고
더 빨라야 되고…

욕심은 '더more'를 앞세워 우리를 닦달한다.
더 · 더 · 더

나는 '더'를 좋아하지 않는다.
'더'가 나를 가만두지 않았을 뿐 아니라
'더'에 쫓기게 했고
더 하지 못함에 대한 열등감과 자존감을 갉아먹고 있었으니까.
나는 그럼에도
'더' 때문에 사는 것 같다.
다 부질없다는 것도 알면서도…

6 애타는 마음

'나는 참 바보다'라고 알 때쯤엔
나는 다 잃은 뒤였다.

중한 것과 덜 중한 것을 구별할 줄만 알았어도
부질없는 것을 구분할 줄만 알았어도
나는 늦었다는 탄식을 덜 하였을 것 같다.

뜬구름 잡는다고 한참을 헤매다 눈을 떠 보니 서산에 해가 걸렸다.
꿈도 열매도
다 내 것이 아니었음을
그 움켜쥐려 했던 시간은
나를 잡아먹고 나서야 놓아주었다.

심·올·가·득·품·은·연·필·한·자·루

미쳐봤니?

불광불락不狂不樂
미치지 않으면 즐길 수 없다는데 우린 미치는 것을 두려워한다.
미치려는 열정
미칠 수 있는 에너지도 없으면서
미치는 것을 경계하는 것은 확고한 믿음과 자신감이 없기 때문일 것이다.

미친 사람을 나하고 다르다고 함부로 욕하지 마라.
미칠 용기도 없으면서
미칠 줄도 모르면서.

거기 누구 계세요?

새벽이면 어김없이 안부를 보냈다.
어디서 구했는지 좋은 글귀가 들어있는 예쁜 그림을 보냈다.

일수 찍듯이 보내왔지만 한 번도
답글에 대한
조건이 없었다.

같이 살아있다고
정情 나누는 표시였을진데…

오늘은 내가 먼저 그 사람에게 똑똑 해봐야지.

똑! 똑!
계세요?

1 정情 나누고 싶어

나의 과過한 욕심으로 보내는 감사한 고백이 있다.

니가 있어 내가 행복하듯이
내가 있어 너도 행복했으면 좋겠다.
니가 내게 선물이듯이
내가 너에게도 선물이었으면 좋겠다.
니가 있는 시간대에
니가 있는 공간대에
니가 함께여서 축복이듯이
너에게도 내가 축복이었으면 좋겠다.

욕심은 내 끝없는 지극함과 노력이 수반될 때 가함을 알기에
욕심을 내려놓는 게 내가 감당할 수 있는 선물과 행복임을 알기에

오늘은 그저 욕심을 독백해본다.

2 정情 나누고 싶어

왜 그랬냐고 먼저 물어보지?

본 게 다 아니고
보이는 게 다 아니고
들은 게 다 아닐진데
그게 다라고 생각하면서 다그친다.

뭣도 모르면서 우리는 묻는다.

걱정해서?
궁금해서?

묻고 답하는 것은
서로를 더 잘 알기 위해서 임일 것이다.
어느 봉사단체에서의 구호가 떠오른다.
ー 우리는 진실한가?

3 정情 나누고 싶어

"내 어디가 좋은데?"
뜬금없는 질문에 선뜻 답을 못 하고
"갑자기 왜?"
이렇게 얼버무리곤 합니다.

— 칭찬합시다!
예전에 이런 캠페인을 한 일들이 기억납니다.
우리는 상대를 칭찬하는 여유가 부족한 것 같습니다.
삶의 무게 앞에 늘 마음이 가난하기 때문인 것 같습니다.
같이 이기는 것을 배우는 기회가 없었기 때문일 것입니다.

남보다 잘해서 이기는 것이 아니라
남이 못하여 내가 이기는 것은 진정한 값진 승리가 아닐 것입니다.
멋진 승리는 너도 이기고 나도 이기는 공동의 이익을 만드는 것입니다.

50.0001%가 100%를 다 가져가는 모순 같은 룰이
우리를 이기고 짐의 무서운 전사로 만들어 가고 있는지도 모릅니다.

"다 이겼잖아!"
이런 말과 마음을 얻고 싶습니다

4 情情 나누고 싶어

사는 게 웃을 일이 없다고 한다.
웃을 일이 왜 없겠냐만은
사는 게 힘이 들어서겠지.
세상이 온통 불만투성이고 짜증이 난다고 한다.
미운 놈은 면상만 봐도 화가 치솟는다고 한다.
이럴 때 보면
지가 남의 인생 살아주는 것 같다.
인생은 지 꺼를 사는 건데
누가 살아달라고 했나?
그놈의 팔자도 다 지 꺼인데
좋은 거는 지 복이고
더러운 거는 남의 팔자 때문에 지가 다 덮어쓰고 있다고 생각한다.
지나와보니 인생 그리 길지 않던데
어렵게 태어난 인생
이왕 사는 거 잘살다 가야지.
어제 죽었다고 생각하면
오늘부터 우리네 사는 거 보너스인데 억울할 게 뭐 있나?
잘살았다고 보너스 받았는데,
이래도 한세상, 저래도 한세상
이왕에 사는 거
어차피 사는 거
유쾌! 통쾌! 상쾌!

심·올·가·득·품·은·연·필·한·자·루

선택할 수 있음은 축복이다.

우리는 가끔 결정장애라는 말을 쓴다.
두 가지 이상을 두고 어느 것을 선택해야 하는데
선뜻 선택을 못할 때 하는 표현이다.
때마다 뭘 먹어야 할 때 뭐 먹을까를 고민하는 것이 괴롭다고 한다.

결정장애는 배부른 소리다.
우리가 살다 보면 선택해야 할 순간도 많지만
선택할 여지가 없을 때가 더 많다.
절벽 앞에서 낭떠러지 앞에서 길이 없다고 느낄 때
우리는 선택할 하나만 더 있었으면 한다.

지금까지 우리가 걸어온 길, 지금 걸어가는 길
스스로 선택해 온 것이 얼마나 되었겠나?

선택, 결정의 순간은 고통이 아니고 축복이다.

새벽에 쓴 편지

새벽에 쓴 편지는
절대 아침시간을 이기지 못하고
찢겨버린다.

쓰고도 부치지 못한 편지
진짜 전하고 싶었던 그 얘기는 늘 사생아가 된다.

다듬지 않아도 주옥이 되고
두말 안 해도 저항 없이 전해지는 그 찰나의 시간에 수신인을 찾는다.

내 편지는
늘 수신인이 있으면서 배달불가이다.

1 새벽에 쓴 편지

많이 가진 사람이
폼좀 잡고 으시댄다고
부러워하거나
배 아프거나
미워하거나 싫어하지 말자.

많이 가진 사람은
그게 자랑이고 쓰고 폼 잡는 게 낙일지도 모르는데
다만 좀 마음의 여유가 된다면
많이 가진 사람들이 힘쓸 때
어렵고 힘든 이웃을 위해 잘 쓸 수 있도록 기도해 주자.

그렇다고 적게 가졌다고 비굴하거나
너무 기죽지도 말자.
천석꾼 천 가지 걱정
만석꾼 만 가지 걱정
많이 가진 사람들도
적게 가져서 걱정이 적은 우리를 부러워할 때도 있을 것 같다.
그때는
봐라? 내가 낫잖아! 라고 큰소리 치자.
나는 늘 나니까!

2 새벽에 쓴 편지

나도 나를 잘 모르는데
나를 아는 사람을 만날 수 있을까?

세상에 나를 아는 사람을 만나면 참 반갑기도 하겠지만
많이 부끄러울 것 같다.
세상에 추사秋史를 모르는 사람은 없을지 모르지만
세상에서 추사를 아는 사람도 없다, 했듯이
안면 트고 수십 년이 지났지만
아직도 나를 잘 모르겠다는 사람은 만나봤지만
나를 잘 안다는 사람 중에
나를 알구나 싶은 사람은 많이 못 만나 본 것 같다.
그동안 내가 살면서 보여진 것은 뭐였을까?

오늘도 나는 가면무도회에서
들통나는 내 형체를 숨겼다, 생각하고,
그 모습이 나라고 생각하는 사람들과
파티를 즐긴다.

3 새벽에 쓴 편지

화내는 것도
삐지는 것도
그 뒤에 올 위험까지 감당할 자신이 있을 때 하는 겁니다.
그것도 생각하지 않고 성질대로 하는 것은 만용일 수 있습니다.
그래서 화가 나도
비겁하지만 내색을 절제하고 피해 가는 것입니다.

그래서 자존심도 없나?
소리는 들을지언정
참 어리석고 무모한 짓이다
소리는 덜 듣습니다.

우리가 가끔씩
유혹받는 일탈을 두려워하는 것은
그 하나가 끝이 아닐지 모른다는 두려움 때문입니다.

우리네 삶이 참 성질대로 안될 때가 많음에도 용케 용케 잘 넘어갑니다.
그 평형감과 복원력이 오늘을 지켜내고 있는 것 같습니다.

4 새벽에 쓴 편지

살면서
내가 왜 이지랄을 하고 있지?
라는 생각이 들 때가 있습니다.
하나의 옳음을 얻기 위해
옳고 그름의 구분도 없이 마구 닥치는 대로 하다 보니
때론 이게 뭔가 싶기도 하다.
우리네 삶이 정답이 없고 설계도를 미리 볼 수가 없기에
늘 미로를 헤매이다 보니
헛짓이라고 생각되는 일들도 많이 하는 것 같다.
이 짓 저 짓
이 방법 저 방법
아무리 현명하게 살고 싶지만
때론 내가 봐도 참 바보스럽고 창피하고 자존심 상할 때가 많습니다.
내 능력의 부족함은 내 선택의 폭을 극히 제한하고 있습니다.
해가 뜨고 지고
강물은 흘러 흘러 가고
서산의 해는 내 굼뜬 마음을 자꾸 채근합니다.
지금 살아 있는 내가 다 짊어지고 가야 할 내 업業입니다.

심·을·가·득·품·은·연·필·한·자·루

가던 길이 틀린다고,

어떡하냐고
묻지 마라.
나도 갈팡질팡 가고 있을 뿐이다.
그래서 서로 묻기도 하고 듣기도 하도록 만들어 놓았을 것이다.

누가 누굴 가르치는 것이 아니라 서로가 보면서 배워가는 것이다.
『논어論語』술이편述而篇에
"세 사람이 함께 가면 반드시 내 스승 삼을만한 이가 있으니"
라고 했다.

너도 스승이고
나도 스승이다

물이 될까, 구름이 될까.

나는 어떤 것을 만나야
더 멋지고 아름다워질까?

물이 절벽 바위 낭떠러지를 만나면 멋진 폭포가 되고
석양이 구름을 만나면 더 아름다워지듯이
나 혼자만으로는 멋진 그림이 되지 않는 것 같다.

둘이 어우러질 때
더 멋진 삶이 되는 것은 부족한 사람끼리
어울려 함께, 같이 살아가야 한다는 뜻일 것이다.

나는 누구에게
그런 앙상블이 될까?

1 아침에 하는 반성

살면서 그랬던 것처럼
바람처럼 그냥 스쳐 가는 줄 알았는데
어느 순간 스멀스멀 의미가 되어 가고 있다는 것.

'언제까지?'
'어디까지?'
궁금해하지도 묻지도 말자.

나중에 아무 걸림 없이 지나갔던 나뭇가지의 바람처럼
생각이 머물지 않게
나에게도 속고
남에게도 속고
그럼에도 또 믿고 싶은 이 의심에 갇힌 내 삶.

이것 또한 또 다른 모양의 내가 감당해야 할 인연.

2 아침에 하는 반성

정작 놓치고 사는 것들.

우리네 삶이 참 분주하고 열심히 잘 살고 있는 것 같으면서도
뭔가 아쉽고 허전한 것은
남의 결혼식에 가서 축하하고 밥까지 먹고 오면서
아들인지 딸인지 모르고 오는 것과
남의 집 백일잔치 가서 애는 안보고 어른들과 인사만 하고 오고
초상집에 가서 문상하고 망자에 대해 한마디도 안 하고 오는 것과
같은 것 같다.

야야!
니는 대체
뭔 생각 하고
어데 보고 다니노?

어릴 때 울 엄마한테 자주 들었던 소리가 지금도 생생하다.

3 아침에 하는 반성

늘 나는 옳았다고 생각했기에
늘 남이 잘못되었다고 자신 있게 말할 수 있었다.
시간이 지나
 맞았다, 틀렸다 를 알게 될 즈음
나는 내가 틀렸다는 고백을 해야 했다.
그런데
온갖 이유로 슬그머니 넘어가고자 했다.
결과 앞에서
나는 정직할 수 있는 기회마저 버리고
비겁한 나로 남고 말았다.

그래서
나는 생각만 틀렸을 뿐만 아니라
사는 방법까지 틀린 것이 되는 것이다.

누가 뭐래도 나는 내가 틀렸다는 것을 알기에
내 생각이 틀렸다고 말할 수 있는 용기가 필요했다.

4 아침에 하는 반성

말은 절대로 마음을 다 표현할 수 없는 것 같다.
말은 절대로 마음을 이길 수 없는 것 같다.

우리는 달변, 다변인 사람을 만나면
그 사람의 구사하는 어휘나 탁월한 언변에 놀라거나 감동할 때가 있다.

말이 많으면 실수를 한다, 침묵은 금이다, 라고 하는 반면
말을 해야 알지, 말만 잘했으면 잘 풀렸을 것인데, 라고도 한다.

말이 사람과 사람 사이에
이렇게 중요하다는 뜻이다.
그렇지만 말은 기술이 아니라 진심을 전하는 도구여야 한다.
마음을 다 전할 수 있지 않다는 것은 소리일 것이다.
그래서 우린 가끔
말도 안 되는 소리 하지 마, 라고 하는지도 모른다.

나는 마음을 다 담지도 못 하는 말로
남을 기망한 적은 없는지…

심·올·가·득·품·은·연·필·한·자·루

가끔

이럴 때는 어떻게 해야 하는지를 묻습니다.
마음 가는 대로 하면 된다고 수도 없는 답을 했습니다마는
마음이 뭔지를 모릅니다.
마음은 없는 것인데
자꾸 마음을 핑계 삼습니다.
내 마음 없다면서도
내 마음 나도 모른다고 말합니다.
어쩌면 나도
있는 건지
없는 건지
묻습니다.

무대 뒤편에서

난 누구를 사랑해 본 일이 있었는가?
사랑은 나 혼자서도 할 수 있는 것인가?

그때 밤새 잠 못 이루면서 그리워했던 그것이 사랑이었는가?
그때 가지지 못함 때문에 그렇게 속상해했던 그것이 사랑이었는가?

난 여태 사랑을 못 해본 것 같다.
사랑했으면 지금 이러면 안 되잖아?
그때 그 말들이 진심이었다면 지금 내가 이렇게 있으면 안 되잖아?

난 여태껏 무대 뒤편에서 혼자 리허설만 하고 있다.
내가 맡은 배역의 해석도 못 한 채.

1 거울을 본다

거울은 거짓말을 하지 않는다고 하는데
가끔 거울도 거짓말을 쫌 해줬으면 좋겠다.

매일 아침 거울을 본다.
거기는 늘 내가 있다.
난 거울 앞에만 서면 작아진다.
평면이든, 볼록이든, 오목이든 한결같이 보기 싫은 것만 귀신같이 잡아준다.
늘 똑같은 얼굴이지만 거울을 볼 때마다 느낌이 다르다.
그런데 이놈의 거울이 나를 희롱하는 것 같다.
어떨 때는 신성일처럼 보이다가 어떨 때는 형편없이 밉상같이 보인다.
난 거울 때문에 웃다가 울다가
삐에로가 된다.
거울아, 세상에서 누가 제일 멋지노?

2 거울을 본다

지나간 내 시간에서의 헛수고들
잠깐 생각해도 참 많다.
기억되는 모든 것들이 해당되는 것 같다.
억울하고 창피하고 앙통하고 아깝다.

그 헛수고들만 안 했어도 내 인생 많이 달라졌을까?
혹시 다시 그런 상황이 오면
헛수고의 어리석은 바보짓을 하지 않을 수 있을까?
지금이나마 이렇게 영특한 생각이 드는 것은
지금까지의 헛수고들로 인해 뼈저리게 느끼는 후회 덕분이다.

아무것도 하지 않으면 헛수고를 안 할 것 같지만
그 또한 인생에서는 헛수고겠지.

3 거울을 본다

나는 왜 키가 크고 싶냐면?
싱겁다는 소리를 듣고 싶고
점잖다는 소리를 듣고 싶기 때문이다.

같은 얘기를 재미있게 해도
키 큰 사람에게는 싱겁다고 하고
키 작은 사람에게는 잘 까분다고 한다.

같이 분위기 잡고 있으면
키 큰 사람에게는
참 점잖다 하고
키 작은 사람에게는 꾸어다 논 보릿자루 같다고 한다.

사람을 평가할 때도
'키도 크고'부터 긍정적으로 출발하고
'키도 작고'부터 부정적으로 출발한다.

나도 키 컸으면
싱겁고 점잖을 수 있었을 터인데.

4 거울을 본다

의기투합

난 이 말을 좋아한다.
군더더기가 없다.

생각과 타이밍이 맞지 않으면 안 될 일이다.

어찌 그 시간에 그 생각을 같이 했다는 거
이건 기적이다.

살면서 이런 날도 보너스처럼 가끔씩 있었으면 좋겠다.

됐나? 됐다!
까이꺼

심·올·가·득·품·은·연·필·한·자·루

난 늘 발레리나를 꿈꾼다.

우리 집에서
새벽녘과 저녁
나는 발레 연습을 한다.
발레의 기본인
깨금발 딛기 훈련을 한다.
한 발 한 발 깨금발로
살얼음 위 같은 거실과 욕실을 갖다왔다 한다.

살금살금
내 숨소리마저도 죽이면서
나는 오늘도 깨금발 디디면서 발레리나를 꿈꾼다.
우리네 사는 거 살펴보면 쉬운 거 하나도 없다.

인생은 삼세판

삼세판이 참 좋다.
가위바위보 내기도 삼세판을 선택한다.
첫판은 재수 없거나 실수해서 질 수도 있기에
세 판정도 해서 두 판 이기는 게 공평하고
덜 억울할 것 같다고 생각하기 때문일 것이다.
혹여 첫판 이기고 내리 두 판 진 사람은 괜히 삼세판 했다고
후회할지도 모른다.
우리 인생사
그래도 삼세판이 있으니
한두 판 지거나 실패하더라도
또 한판의 희망이 있지 않은가?

까이꺼, 삼세판이다!
우리는 지금껏 몇 판 승부 봤는가?

1 인생은 삼세판

약간 아쉬울 때,
가늠이 잘 안될 때,
아깝다는 생각이 들 때가
투자적기投資適期다.

기왕이면 고맙고, 감사한 마음 표하는 자리에서
딸막거리는 시점이 투자의 적기입니다.
조금만 더 지르면 만족도는 기하급수적으로 높아진다.

연락 한번 해볼까?
딸막거리지 말고 지르세요.
지금이 사람 관계에서 투자적기!

2 인생은 삼세판

미운 사람은
왜 미운 짓만 할까?
싫은 사람은
왜 싫은 짓만 할까?
내가 미워하고
싫어하는 마음을 거두지 않았기 때문이다.

좋은 사람은
왜 뭐를 해도 좋을까?
내가 좋아하는 마음이 가득하기 때문이다.

좋아하다 싫어지고
미워하다 좋아지는 것은
단지 내 마음이 바뀌었기 때문이다.

오늘은 미워했거나 싫어했던 마음을
좋아하는 마음으로 돌려세우는 작업을
해봄이 어떠하실는지요?

3 인생은 삼세판

"니는 왜 맨날 보는 사람만 보노?"

편하니까.
어렵지 않으니까.

안 보던 사람 오랜만에 만나면
인사도 새로 해야 되고
안부도 새로 물어야 하고 복잡해지고 시간도 길어진다.
어제 본 사람은
오늘 봐도 할 얘기가 철철 넘치고
밥도 늘상 먹든 거 먹어도 되고 그저 복잡지 않다.

사람들은 그저 편하고 쉬운 쪽으로 흘러가기가 쉽다.
그래서 늘 보던 사람 보게 되고 늘 찾는 사람 찾게 된다.

일부러 오랜만에 벼르고 연락할 때도 있다.
그때는 서로가 꼭 이유가 따라붙는다.

그저 이유 없이
그냥
그 사람을 찾아가고 싶다.

4 인생은 삼세판

어떤 가미도 고명이 없이도
오래 우려진 멸치국수의 육수맛처럼
있는 그대로가 감동이 되었으면 좋겠다.

누구에게
감동받기 위해
비 오는 날 우산 들고 갑자기 나타나지 않아도,
밤늦은 시간에 갑자기 차를 가지고 와서 태워주지 않아도,
무슨 기념일이라고 꽃바구니를 들고 나타나지 않아도,
생각이 나서 샀다고 선물을 내놓지 않아도
그저 있다는 자체가 선물이 되고 감동이 되었으면 좋겠다.

누구를 위해
꾸미지 않아도,
혹여 어떤 상황에서도 이해시키기 위해 설명이 길지 않아도
괜찮은
있다는 그 자체가
감동이 되었으면 좋겠다.

심·올·가·득·품·은·연·필·한·자·루

잠시만 참을걸

그때 참을걸
살다보면 자주 되뇌는 후회되고 아쉬운 생각들.

한 번만 더 생각하고 한 번만 더 참으면
참 잘했다는 생각이 들 때가 많다.

참 잘했어요!
도장 꽝 받았으면 좋겠다.

마음편지

'오감타'를 아십니까?

살아보니 만족하기보다는 아쉬울 때가 더 많았습니다.
조금만 더 있었으면
조금만 더 좋았으면
하는 아쉬움은 우리가 가진 욕심 때문일 것입니다.
욕심은 과해서도 안 되겠지만 열심히 사는 이유가 되기도 할 것입니다.
이왕지사 사는 거 안분지족安分知足의 마음으로
범사에 감사하고 자신을 사랑하는 마음으로 살면 복쟁이가 편할 것입니다.
모든 인연에, 형편에
이 정도가 어디고
그저 고맙고 감사할 일이요.

살아보니 내게는 다 '오감타'입니다.

순서에 너무 집착하지 맙시다.

난 우선순위가 아니라 늘 우선선택의 다음입니다.
좋게 얘기하면 두 번째 선택되는 것입니다.

그나마 세 번째보다는 앞인 것 만해도 어디입니까?

"긍정의 힘"
저는 오롯이 이 빽 믿고 달립니다.

1 긍정의 힘

우리네 삶이 나하고 전혀 상관없는 일이 하나도 없는 것 같습니다.
살아보니, 지나와보니
내하고 상관없는 일이라 생각하고
못 본 체 외면하고, 무시하고, 비방하고, 욕했던 일들이
나중에 다 더 큰 위협으로 슬픔으로
감당하기 힘들 만큼 되돌아오더라는 것입니다.

우리네 인연은 함께 하도록 만들어져 있는 것 같습니다.
지금 조금 다르고 차이 날 뿐
네 것이 내 것이고, 내 것이 네 것이 되는
우리 것이라는 겁니다.

나중에
그때 그럴걸
그때 그러지 말걸
후회되는 일은 지금 내 얄팍한 이익의 유혹에 졌기 때문입니다.

같이 갑시다.
같이 만듭시다.
그렇게 해야
우리 모두가 승리합니다.

2 긍정의 힘

편 먹는 거 좋아하세요?
편 먹기를 좋아하는 것은 늘 외롭고 두렵기 때문인 것 같습니다.

세 사람만 모이면 계층을 만든다는데
그 세 사람이 되는 순간 니 편 내 편 '삼분의 이' 편가름이 시작됩니다.
두 사람이면 결정할 때 힘들어
한 사람이 더 있어야 되는 거라서 맞는 것 같은데
그 한 명의 선택이 관계 갈등을 만드는 것입니다.

사람 중심의 관계는 늘 사람관계로 인해 무너지고 깨지는 것입니다.
니 편 내 편에 집중하는 것은
전쟁이나 전쟁 같은 정치 행위에 필요한 수단입니다.

사람 사이는 숫자가 아니라 내용입니다.
함께해야 할 가치로 가름하고 같이 가면
시작도 좋고 과정도 좋고 결과도 좋습니다.

우리도 '같이' 해야 할 '가치'로
내 편이 아닌 우리 편이 좋겠습니다.

3 긍정의 힘

'세월이 약이다' 란 말에 공감하지만
그것은 늙어지고 약해져 간다는 증거인 것 같습니다.
아무리 힘들고
감당하기 어려울 정도로 아파도,
죽어도 용서 안 될 것 같은 원망과 미움도
시간이 지나면 약해지거나 잊혀진다는 것입니다.
우리는 살아남기 위해서
대처해 나가는 기술이 아주 치밀하게 내재되어 있는 것 같습니다.
내가 가지고 있는 에너지가 부족하면
내가 가지고 있는 힘듬을 들어내거나 비우는
자정능력이 있는 것 같다는 것입니다.
그래야 지금을 살 수 있기 때문일 것입니다.
뒤돌아보면
예전의 생각과 지금의 생각의 차이가 큰 것도
어쩌면 나도 모르게 현실과 타협해버린 결과일지도 모릅니다.
오늘 지금 가지고 있는 힘들고 아픈 상처들
어차피 잊혀지고 지워질 상처일지 모릅니다.
그러니 미리미리 들어내고 지우는 것도
더 지혜로운 삶이 아닐까 생각합니다.

4 긍정의 힘

시간은 내는 것이 아니라 만드는 것입니다.

시간이 안 난다는 사람이 있습니다.
시간은 하루 24시간 누구에게나 공평합니다.
솔직하게 얘기하자면 여기에서 나눌 시간이 없다는 것입니다.
시간은 이익의 조건에 반해서 만들어지는 것 같습니다.
아무리 바빠도 더 큰 이익이 있으면 없던 시간도 만듭니다.
그래서 시간이 안 난다는 얘기는 선택에서 뒤로 밀렸다는 것입니다.

시간은 내는 것이 아니라 필요한 만큼 만드는 것입니다.
열 일을 제쳐놓고 한걸음에 달려왔다고 합니다.
그만큼 가치 있다는 얘기입니다.

우리에게는 만사萬事를 제쳐놓고
시간을 만들어 달려올 사람,
달려갈 사람이 있습니까?

심·올·가·득·품·은·연·필·한·자·루

해방!

굴레로부터 벗어나는 자유로움입니다.

누구로부터?
감정으로부터의 벗어남을 감정해방이라 합니다.
오롯이
나의 감정에 갇힌 나를
거기서 꺼집어내는 것이 해방인 것입니다.
누가 꺼집어내주지 않고
내가 스스로 끊고 부수고 나오는 것이 자유로운 해방입니다.
누구는 그 방법을 가르쳐 줄 수는 있습니다만
만들어줄 수는 없는 것입니다.
뜨거운 눈물 흘리면서
갇혔던 감정을 깨트리는 벅찬 해방을 만나시길요.

나는 몇 번째입니까?

상대에게 내 순서가 몇 번째일까 궁금하지요?
맨 먼저였으면 좋겠다는 바램을 가졌지요?
그러기 전에 나에게서 상대의 순서를 확인해봤습니까?
내가 맨 먼저이길 바라는 상대를 몇 번째 세웠습니까?

서로가 같이 순서가 같으면 좋겠습니다.
나부터 상대를 우선순위로 대하면
상대도 나를 우선순위로 대할 것입니다.

1 살다 보니

우리네 사는 게
여행처럼
소풍처럼
사는 것 같습니다.

여행이란
지금의 나를
설레게 하고
감동케 하고
추억케 하는 것 같습니다.

어느 숙박업소 담벼락에 이렇게 표시해 두었습니다.

'시간과 여유가 있어서 여행을 하는 것이 아니라
여행을 하니 시간과 여유가 생기더라.'

우리네 사는 거
늘 여행처럼이었으면 더 좋겠습니다.

2 살다 보니

살다 보니
쉬운 일이 없다고 합니다.

살다 보니
되는 일도 없었지만 안 되는 일도 없었다고 합니다.

이럴 때 누군가 한 번만 앞에서 끌어주면,
이럴 때 누군가 한 번만 뒤에서 밀어주면
더 잘될 거라고 생각될 때가 있습니다.

우리는 늘 가지지 못한 아쉬움에 내 변명의 이유를 붙입니다.

'앞에서 끌어주고 뒤에서 밀면'이라는
초등학교 졸업식 노래 3절 앞머리가 생각납니다.

3 살다 보니

믿는 곳이 있는가 보네?

사람 사는 모습에서 표가 나는가 봅니다.

세상에 믿을 곳이라고는 한 군데도 없다는 사람도 있습니다.

착하게 살면, 좋은 일 하면 복 받는다는 것을
열심히 살면 잘산다는 것을 믿고 싶습니다.

그러나 꼭 그렇지 않다는 것도 알게 됩니다.

믿는 곳이 있다는 게 얼마나 큰 힘이 되는지 모릅니다.

마음을 세우고 그 뜻을 만들고 그 모양을 이루어 내는 역사는
믿음을 지켜주는 우리의 관계입니다.

나는 믿는 구석이 있습니다.
내 생각이 맞게 가려고 노력한다는 거와
그것을 지지해주는 동행이 있다는 것을요.

4 살다 보니

외로운 사람은
늘 외로운 짓만 하는 것 같습니다.
얘기를 들어보면 외롭지 않은 사람이 없는 것 같습니다.
사연도 오만가지이고
이유도 가지가지입니다.
옆에서 들어보면
이유 같지 않을 때도 있고
그러니 그렇지 싶을 때도 많습니다.

기다리면 외롭습니다.
애초 기다리지 말거나
혹여 기다리고 있다면
먼저 찾고
먼저 다가가면 덜 외롭습니다.
내 생각을 중심 삼아 주변 사람을 시험하지 마세요.
상대가 내게 어떻게 해줬으면 좋겠다고 생각 드는 것을
기다리거나 두고 보지 말고 먼저 해주면 쉽습니다.

내 마음, 내 손길 닿지 않은 곳에 있는
그 사람은 내 아바타가 아닙니다.
오늘은 내가 그 사람의 아바타가 되어야겠습니다.

심·을·가·득·품·은·연·필·한·자·루

'어쩔 수 없는 선택이었다'고 말하지 마세요.

그 선택은 무슨 이유든 수많은 셈을 하고 난 결정이었기 때문에
오롯이 내가 감당하고 책임져야 할 몫입니다.
선택 뒤에 나온 변명은
그 짐을 다 짊어지기엔 너무 무거워
어디에나 떠넘기고자 했던 것인지 모르겠습니다.
오늘도 나는 내 선택에 대해 어쩔 수 없었던 정당방위였다고
에둘러 말하고 있는지 모릅니다.

잘 지내제?

오랜만에 불쑥 날아온 짧은 문자 한 통에도
큰 감동이 생기고 힘이 납니다.
그런데 이 짧은 안부 하나에 우리는 그렇게 인색합니다.

내가 내 마음을 닫아 놓고서
내 외롭고 삭막함을 남 탓으로 돌리곤 합니다.
내가 반갑고 고마우면
상대도 똑같이 고맙고 반가울 것입니다.
오늘은 안부 대방출로 메마른 인심 살려보시지요.
이렇게

잘 지내지를?

1 앞뒤가 똑같이

우리네 삶이 늘
과제를 만들며 살아가도록 되어 있는 것 같다.

답 없는 문제가 어디 있겠는가마는
그 답을 모르기에
'답이 없다'라고 말한다.
길을 못 찾기에
'길이 없다'라고 말하듯
어느 것 하나 쉬운 게 없도록
이정표 없는 사거리에 서 있는 것 같다.

그럼에도
'길'도 찾고 '답'도
얼릉 찾으시길.

2 앞뒤가 똑같이

더 좋은 것이 어디 있노?

살아보니 동띠 좋은 것도 나쁜 것도
다 지나가는 겪어야 할 인연이더라는 거

아파서, 애달아서 잠을 못 자고 보낸 밤도 좋아서 잠 못 이룬 밤도 또 그렇게 지나가고 좋아죽을 사람도, 미워죽을 사람도 지워져 가고 그렇게 그렇게 채워진 일기장에는 채워지지 않는 내 욕심 때문에 늘 회한만이 가득하다.

향봉스님의 말씀 "비록 내가 모서리에 앉았을지라도 그곳이 나에게는 세상의 중심이다"란 말이 떠오른다.

인생사 조금 더 늦게 알게 되겠지만
뭐 있노?

3 앞뒤가 똑같이

거울 앞에 머무는 시간이 많다는 것은
챙겨보고 다듬어야 될 부분들이 많다는 뜻일 거다.

하루 종일 거울에 얼굴 한번 비춰봐지지 않을 사람은 거의 없을 것이다.
거울은 내가 스스로 볼 수 없는 모습을 보기 위해 필요한 도구이다.
어느 날 거울 속에 비춰진 변한 내 모습에 놀랄 때가 있다.

다른 사람에게 보여지는 건 앞뒤 다 일진데 우리가 다듬는 것은 앞이고
뒤는 남은 시간에 대충하고 만다.

들어갈 때는 앞모습만 보이지만
돌아 나올 때는 뒷걸음으로 나오는 것이 아니라
뒷모습을 보이면서 나오기 때문에 내 뒷모습도 매우 중요한 것이다.

근데 나는 왜 뒷모습을 보이지 않을려고 용쓰는지
그나마 앞모습이 뒷모습보다는 낫다고 생각하는 바보는 아닌지

앞뒤가 어쩔 수 없는 다 못난 내 모습 일진데 더 기죽지 않았으면 좋겠다.

누가 봐도 오십보백보일 뿐인데.

4 앞뒤가 똑같이

행복하지 않을 이유가 있는 만큼 행복할 이유도 많다.

난 뭐만 있으면 행복할 수 있다고 생각하는 사람은
불행하게도 나는 뭐가 있어 행복하다는 생각을 못 한다.

삶을 마감할 때 제일 아쉽고 안타깝게 후회하는 것은
내가 할 수 있었음에도 못했던
바보 같았던 생각이다.

내가 가지지 못했다는 부족함보다는
내가 가졌기에 할 수 있는 일을 찾아서 하는
지혜로움이 더 중요할 것이다.

내가 생각하는 바를 이룰 수 있을 때 행복하다고 한다.

오늘은 내가 가지고 있는 소중한 것들을 꺼내 쓰고 싶다.

심·을·가·득·품·은·연·필·한·자·루

어젯밤에는 만월滿月이 너무 아름답고 좋아서

카메라를 들고 수많은 장면을 찍었지만 한 컷도 만족하지 못했다.
그 멋진 보름달을 담기에는
내가 가진 장비나 기술이 부족했기 때문일 것이다.

우리네 삶도 이런 상황이 아닐까 싶다.
내가 꿈을 꾸고 욕심을 가지는 것은 무제한이고 자유이지만
그 꿈을 이루는 것은 내가 감당해야 할 몫이 따라야 하는 것.

살아있는지 궁금해질 때가 있다.

생각나는 것만으로도 가슴 뛰고 설레이는 인연도 있었지만
생각나는 것만으로도 힘들고 부담스러운 인연도 있었다.
그러나
시간이 지나니 원망은 옅어지고 지워지면서
감동의 아름다운 추억이 남아 있음을 알게 되었다.
어떻게 사는지
잘사는지
궁금해질 때가 있다.
오늘도 그 인연을 궁금만 하고 있다.

1 오고 가는 인연

그 사람이 갑자기 왜 그럴까?
뜬금없는 현상이
궁금하다.
이해가 안 된다.

전화기 속에 남겨진 문자를 다시 살펴본다.
헤어질 때 내게 던진 그 말을 되새겨 본다.
내 언행을 되돌려 본다.
모든 것을 이렇게 저렇게 풀어본다.

그 사람이 소중하면
내가 애달픈 반성을 하게 되고
원인을 풀려고 할 것이며
아니면 그냥 그렇게 지나가 진다.

우리네 오고 가는 인연은 내 의지와 같지 않게
그렇게 달라진다

2 오고 가는 인연

한참 지난 뒤에 연락이 올 것이다.
그동안 바빠서 그랬다고 이해하라고
장황한 얘기를 할 것이다.
이해해 줄 것을 전제로
이 시점에 왜 매몰차게
지금까지 속으로 수없이 다짐했던 감정표출을 못 하나?
오랜만에 나타나서 불쑥 던져주는
그 그리움과 미련이라는 먹이의 유혹을 뿌리치지 못한
내 빈약함의 죄일 것이다.
지금도 수없이 다짐하고 맹세하면 뭐 하겠노?
어느 시간 불쑥 또 먹이를 던져주면 덥석 물 것인데
내가 이해하고 용서하여 받아 주는 것은 이기는 것이지만
먹이 앞에 무너져서 수용하는 것은 지는 것이다.

내가 가난한 애달픔에서 벗어나지 못하는 이상
늘 질 수밖에 없을 것이다.
내가 아무리 그럴듯한 변명을 만들어 낼지라도.

3 오고 가는 인연

인연은 날 뒤돌아보게 하고 스스로를 책망케 한다.

살아오면서 맺어진 인연들
어느 하나 소중하지 않은 것이 없을 만큼 다 귀하고 좋았다.

누적된 인연으로 치면 이루 헤아릴 수 없을 것이지만
지금껏 이어져 오는 것은 내 의지와는 다르게 와버린 아쉬운 경우도 많다.

되돌아보면 다 내 가난한 마음으로 지금의 급한 것에 쫓기다 보니
마음 나눔에 부족했기 때문인 것이었다.

어찌 보면 내 마음은 안 그랬다고
한 번이라도 애절하게 표현이라도 한번 했더라면 하는 아쉬움도 크다.

놓친 고기가 더 커 보인다고 해서가 아니라
내게 준 그 귀한 인연을 제대로 챙기지 못한 내가 원망스러운 거다.

어떻게 하면 더 잘하는 것인지 다 모르는 바는 아니지만
그 순간이 힘들어 마음을 쓰지 못한 내 원죄일 뿐이다.

다시 그 상황이 온다면
나는 더 잘할 수 있을까?

4 오고 가는 인연

내가 하기 싫은 것은 다른 사람도 하기 싫은 것이다.
누가 좀 해줬으면 좋겠다고 바라면
다른 사람도 내게 그렇게 원하고 있을지 모른다.
세상에 그저 되는 것은 없다.
그저 되는 것처럼 되려면 많은 대가를 치러야 한다.

세상살이는 다른 사람의 책임이 아니라 다 내 책임이다.
'누가'를 '내가'로 바꾸면
세상은 지금보다 더 멋지게 잘 돌아갈 것 같다.

'넌 원래 그랬잖아?'는 없다.

심·을·가·득·품·은·연·필·한·자·루

궁금합니다.

기다립니다.

그럼
먼저 연락해보면 됩니다.

세상에 공짜는 없습니다.
받고 싶은 만큼 주어야 되는 것입니다.

"만약에 당신이 그 누구와 사랑에 빠지면
그 사람을 위해서 무얼 해줄 수 있나?"
노랫말이 생각이 납니다.

날씨를 핑계 삼아
안부 연락해보는 건 어떠실는지요?

지 죽을 줄 모르고 불을 좋아하다.

끝내 불에 타죽고 마는 부나방을 비웃지 마라,
불에 타죽을 각오로 불을 쫓아가는 부나방의 열정을 모르면서.

우리네 사는 것도 결국 부나방의 사는 것과 다름이 없는 것을

가끔은 불만 쫓아가지 말고 하늘도 보고 땅도 보고 그렇게 천천히 가자.

하루살이든 백세살이든 인생은 어차피 한평생인 것을

1 달님에게 물어봐

매일 아침은
위대하고 기적이다.

그냥 안 죽고
눈 떴으니 살아 있는 것이 아니다.
밤새 안녕했기에 살아 있는 것이다.

지난밤에도 우리는 죽을힘을 다해 싸워서 이겼기 때문에 살아있는 것이다.

아파서 죽을 뻔했고
무서워서 죽을 뻔했고
잠이 안 와서 죽을 뻔했고
가위눌려 죽을 뻔했고
어느 넘이 보고파서 죽는 줄 알았고
어느 넘이 미워서 죽는 줄 알았고

그럼에도 우리는 그 무지막지한 전쟁을
다 물리치고, 이기고 살아남은 것이다.

그저 아침이 아니다.
아침은 기적이다.

2 달님에게 물어봐

솔직함이 두려울 때가 있다.

어젯밤 한 잔 술에 알딸딸한 나를 끝까지 따라온 달님을
창문에다 걸어놓고 잠들었는데 아침에 일어나보니 없어졌네요.

그 기분을 주체할 수 없어 이리저리 기분 전하려 했지만
수신인이 마땅치 않았나 보다.

휴대폰을 추적해 본다.
다행히 통화나 문자전송 기록이 없네요.

아, 감성해방을 잘 참았네요.

무슨 얘기가 그렇게 하고 싶었겠습니까?

나이가 보태지니 객기도 줄고 겁도 많아지나 보다.

어젯밤 내 얘기는 비록
누구에게 전달되지는 않았겠지만
달님은 알고 갔겠지.

3 달님에게 물어봐

내 편은 늘 내 편인 줄 알고 사는 거
내 편은 어떤 경우라도 내 편이 되어 줘야 된다는 생각
내 편이 있다고 생각하는 거

내 편이라면
나도 있고
너도 있어야 되듯이
네 편이라면
너도 있고 나도 있어야 되는 거

같이 가세.
보약 같은 친구야!

4 달님에게 물어봐

사람들은 세상이 공평하다고 한다.
하지만 나는 그걸 믿지도 않을뿐더러 불공평한 거에 불만이 많다.

키도 크고, 돈도 많고, 몸도 좋고, 얼굴도 잘생기고
말도 잘하고, 노래도 잘하고, 머리도 좋고
성격도 좋고, 피부도 좋고
하면 좋겠다 라고 하면
누가 이러겠지
그게 인간이가?

난 인간이 아니어도 그래봤으면 좋겠다.
진짜 좋은지 궁금해서.

심·올·가·득·품·은·연·필·한·자·루

어차피 이럴 거라면

나는 마 이래 살란다.

내 생긴 기 이거인데 우짜겠노?

좋든 싫든 이미 나는 나이고 니는 니인데
내가 맞다 니가 맞다 하면 우짤긴데?

세상이 내게 안 맞는다고 투정만 하고 있다고
세상이 나를 맞춰주는 것도 아닐진데

잘나고 있는 사람도 들여다보니 별거 없어 보이고
못나고 없는 사람도 들여다보니 불행한 것만은 아니더라구.

있다고 유세하는 것이나 없다고 기죽는 것이나 다 똑같은 등신인기라.

나야 나!
니나 내나 살아가는데
'개진도짼'인기라.

5

그림자편지

그 사람이 있습니다.

그 사람을 만나면
그 사람을 보는 게 아니라
나를 보게 됩니다.

그 사람을 생각하면 그 사람을 생각하는 것이 아니라
나를 생각하게 됩니다.

그 사람을 말할 때면 그 사람을 말하는 것이 아니라
나를 말하게 됩니다.

그 사람 덕분에
내가 배웁니다.
그 사람 덕분에
내가 큽니다.
나도 누군가에게 그 사람이 되었으면 좋겠습니다.

다 괘안타.

사람은 마음먹기 달렸다는 '일체유심조'를
행할 수 있는 사람은 그리 많지 않은 것 같다.

그 기준점이 사람마다 다르기에
스스로 가치를 높이거나 낮추거나 한다.

난 그거는 안 된다.
난 그거하고는 안 맞다.
다 자기 기준이다.

안 맞는 게 없는 거다.
다양한 개성과 독창성에 대한 자신감이 떨어진 것뿐이다.

다 괘안타.
내가 괜찮으면 다 좋은 거다.
지레 겁먹지 않으면 된다.

1 뭐 하노?

설레지 않고
콩닥거리지 않을 대범한 범부가 있을까?

늘 우리를 설레이게 하고 흥분케 하는 기다림 앞에
아무렇지 않게 초연해 보이는 포커페이스의 듬듬함을 가지고 싶다.
목석도 아니면서 그게 되나?
그렇지만 절제의 미학을 부리는 것은 혹시 아니면 어떡하노 싶은
두려움 때문일 것이다.

"언제 니 맘 묵은 대로 되더나?"
이렇게 질책하거나 자학하는 것은 내 가진 욕심이
상상을 초월하기 때문이다.

"와우, 생각보다 훨씬 좋았어."
"기대도 별루 안 했는데!"
이런 감동적인 기적은 내 기대가 소박할 때 잘 이루어진다는 것이다.

싹 비우고 담대하게 오늘도 기다린다.
당황스러울 만큼의 소출이 있기를.

2 뭐 하노?

지혜롭지 못하기에 죽도록 열심히 산다.
죽을 뻔했던 일도 많았고
죽는 줄 알았던 일도 많이 겪었다고 한다.
좋아서 죽는 줄 알았고
힘들어서 죽는 줄 알았고
배가 아파서 죽는 줄 알았고
심지어 잠이 와서 죽는 줄 알았고, 안 와서 죽는 줄 알았고
배가 불러 죽는 줄 알았고, 배가 고파 죽는 줄 알았다고 한다.
때론 갑자기 닥친 위험 때문에 죽을 뻔했다는 일들도 다반사 이다.
늘 죽음의 문턱에서 경계하면서 사는 것 같으면서도
결국 분명히 죽는다는 대원칙을 잊고 산다.
그리고 죽을 때 아무것도 가지고 가지 않는다는 것도 알면서도 잊고 산다.

'오늘이 가장 젊은 날'이라는 것도 알고
'지금이 가장 중요하다'는 것도 알지만
우리는 '그게 어디 마음대로 되나?' 하면서 또 잊고 살다가
나중에 껄껄껄 하면서 이생을 하직한다고 한다.
그때 줄껄
그때 할껄

3 뭐 하노?

중학교에 입학하면서 처음으로 교복을 맞추러 갔다.

기억되기를 원단은 엘리트와 스마트 두 가지가 있었고
영광라사와 현대라사 두 양복점이 한 골목에서 경쟁하고 있었다.

덩치가 큰 넘이나 작은 넘이나 교복값이 똑같았는데
체격이 작은 나는 천이 훨씬 적게 들어가니
좀 깎아달라고 요구했지만 쥔장은
천값보다는 수공값이라고 안 된다고 했다.

그런데 지금 와서 생각해보니
체형이 다른(변체) 나의 교복을 맞추는 게 쉽지 않기 때문에
수공을 더 받아야 됨에도 그 양복점 쥔장은
한마디 티를 내지 않고 똑같이 해줬는데
울 어머님은 단지 천이 적게 들어가니 싸게 해달라고 졸랐으니
참 염치없는 말은 한 것이다.

어쩌면 나 같은 손님은 옷 만들기 힘든 고객이었을 것이다.

그럼에도 거절하거나 힘들다는 내색을 하지 않고
같은 가격으로 고객으로 응대해 주었던
이미 고인이 된 쥔장에게 고맙다는 인사를 늦었지만 하고 싶다.

4 뭐 하노?

마음은 마음끼리 통할 것 같지만
생각이 먼저 결정짓는 것 같다.

'맞네!'
'맞어!'

같이 기분이 통하는
우리 사이는
'정서적공동체'입니다.

동의하세요?

심·올·가·득·품·은·연·필·한·자·루

왜 잘생긴 사람이 장애인이면 더 안타까워합니까?

왜 예쁜 사람이 장애인이면 더 안타까워합니까?
잘생겼거나 못생겼거나
예쁘거나
안 예쁘거나
장애인이면 다 신체적 장애로 인해
사회활동이 불편하고 힘들기는 똑같습니다.
그럼에도 세상의 시선과 인식은 차이를 차별로 느끼게 합니다.
인식은
역지사지易地思之에서 바뀌어집니다.

6

맨발편지

걸을 수 있음에 감사한다.

걷고 싶지 아니한가?
아침마다 같이 걸어주는 이가 있어 좋고
자기가 준비한 행사에 불러주는 이가 있어 좋고
가면 먹을 것 있어 좋고
반갑게 손 내밀어주는 이가 있어 좋으니

맨발로 걷는 아침은
눈과 마음과 건강을 위한 힐링의 만찬장이다.

오늘도 천연 보약 한 제 먹고 왔다.

혼자 걷는 것도 좋지만
같이 걷는 게 더 좋은 점은
웃고 즐길 수 있다는 것이다.
휴일 아침 선덕여왕길을 맨발로 즈려 밟았다.
왕복 3.6km 거리
잼있는 꺼리마다 웃음이 터진다.
맨발 걸어서 좋고 웃어서 좋고
더 이상 좋을 수가 없다.
걷지 않는 자는 모를 것이다.

1 맨발걷기라는 보약

휴일 아침
자석에 이끌리듯 선덕여왕길에 나갔다.
누군가 예쁘게 쓸어놓았다.
녹음의 가로수가 유혹한다.
걷고 싶지 아니한가?
같이 걷는 이가 있어 행복하다.
모두가 자기를 위한 노력들이다.
사람 사는 게 이유 없는 게 없고
명분 없어 못 하는 일이 없다.
하루의 시작이 풍요롭다.

2 맨발걷기라는 보약

"음식물 반입금지 조치를 해야 되겠니더."
새가 빠지게 맨발걷기 하고 난 뒤 이렇게 먹어버리면 헛것이 된다는 얘기다.
손에 손에 쥐끔씩 들고 오는 거 모으니 상이 푸짐하니
이런 배부른 기쁜 푸념이 나온다.
선덕여왕길에는 스무 명이 넘게 함께 웃으면서 걷고
짧지만 뒤풀이를 즐기니 이 또한 행복함이 아닌가 한다.
맨발걷기는 살 빼는 운동은 아닌 거로 인식될까 염려되는 날.

3 맨발걷기라는 보약

맨발걷기가 좋다는 얘기도 들었고,
맨발걷기를 해야겠다는 맘도 먹었는데,
언제 어떻게 시작해야 되는지를 딸막거리는 분들,
거창하게 머리 올리는 형식도 의미도 두지 말고 그냥 시작하면 됩니다.
준비물 필요 없습니다.
황성공원숲이든, 선덕여왕길이든, 서라벌광장숲이든
언제 어디서나 입장료도 없고, 복장 단속도 없고, 시간제한도 없이
편안하게 걸을 수 있습니다.
주위에 맨발걷기 하는 분들이 강권하지 않았다면
그분들은 좋은 이웃이 아닙니다.
보약을 혼자 먹겠다는 심보인 것과 같습니다.

매주 토요일 아침7시 선덕여왕길(명활산성 입구에서 진평왕릉입구까지 왕복 3.6km)을 걷습니다.

혹시 쑥스럽거나 엄두가 나지 않은 분들은 연락주시길 바랍니다.
010-9421-6622(박귀룡)

4 맨발걷기라는 보약

맨발걷기도 역사가 있다.
나의 사부는 족친 박황수다.
박황수의 사부는 임순이이다.
임순이의 사부는 남정임이다.
만나면 인증샷을 찍는다.
예전에는 5대가 찍은 일도 있다.
잘난 제자가 훌륭한 스승을 만든다.
난 늘 못난 제자다.
그런데 내가 권해서 맨발걷기를 시작한 사람,
내가 걷는 거 보고 스스로 걷기를 시작한 사람
제법 될 것이다.
그중 나를 사부로 생각할지는 모르겠다.

5 맨발걷기라는 보약

이철우 도지사, 주낙영 시장, 김석기 국회의원이
선덕여왕길에 맨발걷기 하러 오셨습니다.
보문에 행사에 오셨다가 시간적 여유가 되어
맨발걷기 명소 선덕여왕길을 같이 걷게 되었습니다.
이철우 지사는 맨발걷기 메니아이자
맨발걷기 환경조성을 위해 깊은 지원을 해오고 있습니다.
주낙영 시장 또한 맨발걷기길 조성을 위해 많은 지원을 해오고 있는 터라
왕복 3.6km 를 같이 걸으면서 많은 얘기를 나누는 기회가 되었습니다.

경주는 길마다 역사가 있고 꺼리가 있습니다.

6 맨발걷기라는 보약

오늘도 걷는다마는
365일 하루도 빼먹지 않고 맨발걷기가 서원인데 빠지는 날도 있다.
"오늘도 걸었는교?"
보는 사람마다 질문이 나를 감시하고 지도하는 교관들이다.
오늘도 <걸음아, 날 살려라! 맨발걷기> 하시는 분들과 같이 걸었다.
각자가 이것저것 챙겨와서 나눠 먹는다.
인심 좋은 분들이 있으니 좋구마는
상대적으로 나는 자꾸 인심이 적거나 없는 사람으로 인식될 것 같다.
비가 자주오니 풀은 더 잘 자란다.
오늘도 걸으면서 풀도 좀 뽑았다.
다들 즐거워한다.
이렇게 숙제 같은 맨발걷기 하고 하루를 멋지게 출발한다.
다 땡큐다!

7

가족편지

누렇게 익은 보리밭에서 청보리밭을 생각한다

어느 날 울 마님에게 물었다.
"지금 아쉽고 후회되는 기억을 고스란히 담고서 결혼 처음으로 돌아간다면
더 잘할 수 있을까?"
"결혼 안 하지."
"아니 무조건 둘이 결혼해야 되는 전제라면?"
"글쎄 그라면 몰라도."

새파란 보리밭을 넘어 누렇게 익어갈 즈음 보리밭은
이층집 공사가 한창이었다는 기억을 더듬을 때
서산에 해는 어찌 그리도 빨리 저무는지

내년 보리밭의 청보리는 오늘 보리가 아니겠지?

아버지!

원망도 많았지만 고마운 울 아버지는 아들이 부르는 망부가望父歌를 알아 들으시겠습니까?
난 내 평생에 아버지라고 한 번이라도 불러본 기억이 없다.
그래서 울 아버지도 아들에게 아버지란 소리를 한 번도 못 들어보셨다.
내가 태어나고 6개월만에 사고사로 돌아가셨으니 얼굴은 봤겠지만 기억이 없고 6개월 애기가 아버지란 말을 할 수 있었겠나.
살면서 아버지가 안계서 그 빈자리를 백부, 숙부, 외삼촌 등 많은 일가친지분들이 큰 힘이 되어 주셨지만 누구도 아버지라고 부를 사람들은 아니었기에 아버지라고 부를 기회가 없었다.
그러나 한 번도 불러보지는 못했지만 나는 34여 년 전부터 남매를 얻은 덕에 아버지 소리는 많이 들었다.
어제 선친의 62주년 기제일이었다.
아버지의 생전모습을
기억하는 분은 어머님 한 분밖에 없었다.
그동안 제사를 모시면서 잔을 올리고 절을 하면서 속으로는 아버지를 많이 불렀다.
아버님! 우리 가족들 건강하고 행복하게 해주이소? 라고
박 字 병 字 문 字 아버지…

내 사랑 나의 어머님!

계셔주셔서 감사합니다.
지켜주셔서 감사합니다.

한 번도 한눈팔지 않고 오로지 저의 바라기로 살아오신 당신! 만 84년 인생 중 63년을 오롯이 함께해주신 당신!

여자보다 더 강한 것은 어머니라 했다지만 스물셋에 홀로되어 일신이 성치 않은 아들 하나를 지키고 키우시느라 얼마나 힘이 들었겠습니까?

그럼에도 당신은 한 번도 누구를 원망하시는 내색을 하지 않으셨습니다. 오히려 모든 허물이 당신의 원죄라 여기시며 미안해하고 감사함으로 견디어 오신 당신이십니다. 당신의 사랑과 헌신을 헛되게만 만들어 버린 아들의 후회는 늘 늦습니다. 당신은 스스로 평생을 자랑할 것도 없지만 허물 많은 사람이 조그만 자랑이 있다고 내세우면 오히려 욕먹는다고 조심하시고 아들에게도 경계를 삼도록 하셨습니다.
쉬운 것보다 힘들고 감당키 어려운 일이 투성이었겠지만 당신께서 그 업보를 다 짊어지고 가시려는 마음으로 지켜오셨기에 당신 아들이 결혼을 하고 며느리를 맞고 손자 손녀를 만들고 예쁜 손부도 보게 되었습니다.
어머님의 무애의 사랑으로 만들어진 가정입니다.
어떤 말로도 형언될 수 없을 가없는 사랑에 고맙다는 말, 사랑한다는 말을 또 보탭니다.

건강하시고 마음 편한 행복으로 우리들과 함께해주시길 기도합니다.

나의 아내 지원 님

오늘은 부부의 날입니다.
또 무슨 날?
그게 무슨 의미 있냐고 핀잔을 줄 당신이지만 이렇게라도 몇 자 끌쩍거리면서 그간의 쌓인 죄를 탕감하고자 하는 서방의 못난 한 방편임을 혜량하여 주길 바랍니다.

우리가 아직도 부부로 살고 있다는 기적에 그저 감사합니다.

여보! 자기!
35년 동안 당신 이름 현숙賢淑, 지원智媛 두 자를 부른 횟수보다는 아마 입에 더 익숙해진 지칭 용어입니다.

살아보니 '쉽지 않더라'를 알게 되었고, 살아보니 살아가야 할 지혜와 기술이 생겼고, 당신의 한없는 이해와 포기가 보태져 오늘도 같이 살고 가정이라는 울타리를 건사하고 있기에 이혼이란 어휘에 민감하지 않아도 되고 악처라고 소문이 날 지언정 홀애비라고 측은지심을 안 받아도 되고 아들내미 결혼식장 혼주석에 내 혼자 앉지 않아도 되었고, 식은밥이든 묵은찬이든 끼때마다 거르지 않았고, 어디 가서든 가정사의 온갖 과오를 마눌님에게 떠넘길 수 있었다고 생각합니다.

부부라는 이름으로 걸어온다고 참 힘들었을 터인데 35년 전 그 호기 있게 내질렀던 공약은 어느 순간 묻혀버리고 아직도 당신과 나를 위한
꽃길과 꽃신이 마련되지 않았는 것 같아 미안합니다.

오늘 부부의 날을 맞아 장미꽃 한 다발에 금뭉치로 놀래키는 호기 대신 둔필로서 마음을 전할려니 그 또한 쉽지 않네요.

미안하고, 고맙고, 사랑하는 당신 지원씨 !
고맙소.
다시 부부의 인연으로 선택해야 한다면 당신을 선택하지 않고 놓아줄 것이요. 나보다 훨씬 더 좋은 멋진 사람 만나서 더 행복하게 살기 바라기 때문입니다.

만약에 그럼에도 다시 당신과 부부가 되어야 할 인연이라면 당신에게는 가혹할 업이 되겠지만 더 잘할 수 있을 반성과 각오는 가득합니다.

이미 지나간 시간은 몰라서 못 했고 알면서도 형편이 못되어 못했고 그러면 안 되는 줄 알면서도 휘둘렸던 과오가 후회되고 아쉬움 가득하지만 인생사가 리셋이 안 되고 털고 놓기가 안되니 지금부터 그 아쉽고 부족했던 거 메우고 챙기면서 살아갑시다.

까이껏 지금까지 그 힘든 시절인연 잘 견뎌왔는데 이까이께 뭐라고요.

내 35년의 죄는 '공주'를 '무수리'로 만든 대역죄입니다.

이제 죄를 사해주시옵소서.

5월 가정의 달 14일 결혼 35주년
21일 부부의 날에 못난 서방이

아들을 장가보내는 날에

결혼은 할 수 있을까? 결혼을 해서 애기는 낳을 수 있을까 하는 걱정 속에 제가 결혼을 하고 태어난 아들이 오늘 결혼을 하고 제가 시아버지가 되는 기적이 일어났습니다.

참으로 주체하기 힘들 만큼 기분이 좋은 오늘, 이 기쁨을 30여 년 동안 홀로 저를 키워주시고 30년 동안 오로지 손자 바라기로 살아오시면서 오늘 손부를 보시는 제 인생에 첫 번째 여인인 지환이 할머니 최 귀 字 연 字 여사님과 세상에서 가장 남자 보는 눈이 부족하고 생각이 짧아서 저와 결혼해주고 아들딸 낳아 구색 갖춰 온갖 우려를 불식시켜주고 지환이를 장성하게 키워준 제 인생에 두 번째 여인인 아내 백지원 님에게 바치고자 하는 데 동의해주시겠습니까?

그리고 곱게 키운 딸이 우리 지환이를 선택했을 때 딸의 선택을 믿고 지환이를 기꺼이 사위로 맞이해준 사돈어른 내외분에게도 진심으로 고맙다는 인사를 드립니다.
반갑게 인연을 받아 드려준 사돈어른! 이제는 자식들이 행복하게 잘 살 수 있도록 응원해야 하는 공동의 책임을 가지는 어렵고도 가까운 사돈 사이가 되었습니다.
요새는 아들 장가가는 날이 며느리를 얻는 날이 아니라 아들을 **빼앗기는** 날이라고 합니다만 우리는 며느리도 얻고 사위도 얻는 관계로 만들어 갑시다.
그리고 막상 사용해보니 별거 아니다고 하여 서로 교환도 반품도 절대 없기로 약속하십시다.

잘난 아들은 나라의 아들이 되고 돈 잘 버는 아들은 사돈의 아들이 되고 빚쟁이 아들은 나의 아들이라 하던데 우리 지환이가 사돈의 아들이 돼야 될낀데, 걱정입니다. 사돈께서 잘 거둬 주이소.

오늘 주례사를 대신해 혼주가 인사를 해야 한다 해서 나선 김에 아들과 며느리에게 몇 마디 전하고자 합니다.

아들 지환아! 오늘에야 처음으로 이 말을 너에게 하는구나.
나의 아들로 와줘서 고맙다.
재벌 2세로 만들어주지도 못하고 변변치 못한 살림에 커오는 과정에 너가 하고 싶었던 많은 것들을 못하게 한 게 너무 미안하다.
유전자 검사가 필요 없을 만큼 닮아 가는 너를 보면서 늘 든든하고 뿌듯했지만 아비의 못난 유전자는 닮지 않기를 바랬는데 중간중간 보여질 때면 아쉬울 때도 있었단다.
이 아버지는 어려서부터 할머님의 걱정을 한 번도 벗어나게 한 적이 없었음에도 너는 건강하게 태어나서 착하게 자라주었기에 그래도 너는 이 **아빠**보다는 효자다.

그리고 나의 아들로 있어 줘서 고맙고 물론 너를 떠안게 되는 윤경이에게는 미안하지만 결혼해줘서 더 고맙다.

오늘 최고의 신부 윤경아!
우리 지환이를 맡아줘서 너무 고맙다.
30여년 전 아무런 준비 없이 지환이의 아빠가 되다 보니 결국 좋은 아빠가 못되었는데 오늘 또 이렇게 특별히 준비도 연습도 없이 시아버지가 되어 윤경이에게 좋은 시아버지가 못되면 어떡하나 걱정이 된다.
예로부터 며느리 사랑은 시아버지라 했는데, 지금 마음은 참 잘해 주고 싶은데 멋진 시아버지는 못될지라도 욕 덜 먹는 시아버지가 되도록 노력할 작정이다.
그럼에도 우린 지금부터 서로 노력해야 한다.
좋아도 우리 일이고 어렵고 힘들어도 우리 일이다.
늘 긍정의 생각으로 만들고, 가꾸어 가자꾸나.

사랑하는 지환아! 그리고 윤경아!
오늘 최고 기쁘고 감사한 날, 이제 출발하는 너희들을 진심으로 축하하면서 부모의 울타리를 벗어나 이 험난한 바다를 항해해야 하는 출발점에 서 있는 너희들에게 부모의 마음으로서 인생의 선배로서의 한 가지만 당부하고자 한다.

결혼은 화려한 착각에서 출발해 참담한 이해로 가는 것이라고 하기도 하듯이 늘 꽃길만 있을 것도 아니고 때론 생각지도, 감당키도 어려운 가시밭길을 마주칠 때도 있을 것이다.
그것을 이기는 것은 두 사람의 신뢰라고 생각한다.
지금 사랑하는 마음이 영원히 같으면 좋겠지만 사람은 늘 외부의 환경 때문에 흔들리기도 하고 변하기도 하지만 서로를 지켜주고 존중해준다면 충분히 극복할 수 있다고 본다.

아니면 멈추는 것이 아니라 서로 맞추어 가려는 노력이 더 중요하며 서로 부족한 것을 얻는 것이 아니라 채워주려는 마음이 있어야 함께 갈 수 있다고 본다.
그리고 살다가 가끔은 속상하고 밉더라도 서로 보따리 싸지 말고 혹여 집을 뛰쳐나오고 싶으면 지환이는 우리집으로 절대 오지 말고 처갓집으로 가고 윤경이는 친정으로 절대 가지 말고 우리집으로 와서 진정시키고 속풀어 가길 바란다.
세상에 젤 바보가 며느리를 딸처럼 생각하는 것 하고, 사위를 아들로 생각하는 거라는데 나는 윤경이를 비록 바보소리 들을지라도 또 하나의 딸처럼 생각하고, 사돈께서도 우리 지환이를 아들로 생각했으면 합니다.

살아보니 인생살이가 정답이 따로 없는 것 같더라.
지혜롭게, 슬기롭게 잘 맞춰 나아가는 게 제일 좋은 방법인 것 같더라.
이 아버지는 두 사람이 잘해 나갈 것이라 믿는다.
우리 이 귀한 인연 잘 맞춰 한번 가보자꾸나.
두 사람의 출발을 응원한다. 파이팅 !

끝으로 다시 한번 바쁘신데도 참석하여 축하해주신 양가 친지분, 하객 여러분 고맙고요 ,우리 지환이와 윤경이가 건강하고 행복한 가정을 이루어 갈 수 있도록 많은 응원 부탁드립니다.
모두 감사합니다.

2022.12.18

당신은 참 내게 존귀한 사람입니다.

자다가 벌떡 일어나
왜 이렇게 생경하게 이 말이 떠오르는지

기분좋게 옆에 앉아주고
편안하게 손을 잡아주고
자연스럽게 팔짱을 껴준
당신이 너무 고맙고 감사했던 모양입니다.

그것이 이제사 내 맘 속에서 이렇게 정리가 되었나봅니다.

◢ 그 사람

그 사람은 그 사람입니다.
사람은 절대 변하지 않는다고 합니다만
우리는 그 사람 많이 변했다고 합니다.

그것은 그제야 그 사람의 그 면목을 알게 되었다는 뜻이라고 합니다.

2 그냥 오세요

그냥 오세요.
어떤 것도 없이

그냥 오세요.
아무 것도 없이

그냥 오세요.
가꾸지도 꾸미지도 말고

그냥 오세요.
단 당신의 [그냥]을 좋아합니다.

그냥 오세요.
혹여 어떤 뜻이 있을지라도
내가 드릴 수 있는 것은
'그냥'밖에 없습니다.

그냥 오세요.
우리 사이에는 '그냥'이 있기에
천번만번의 약속과 다짐보다 더 큰 믿음이 있습니다.

그냥 오세요.
어떤 조건도 없이

3 인연의 시작인 줄 안 지

나는 지금 이 순간이 가장 행복합니다.
예전에도 그리고 나중에도 지금보다 더 행복했고
더 행복할 것 같은 그런 날은 없습니다.
항상 지금 살아있다는 사실에 기뻐하고 즐거우며
지금 당신을 사랑하고 당신에게 사랑받고 있는 것이
가장 행복합니다.
그 어떤 것도 현실을 대신할 수는 없습니다.
어떤 일을 이루어낸 후가 아니라
이루는 그 과정이 바로 행복의 절정입니다.
당신과 사랑하며 다투며 때론 차갑게 때론 뜨겁게
변덕스럽고 사랑이 아닌 것 같이 느껴지더라도
그 과정이 당신과 내가 가장 사랑하는 순간임을
생각해줘요.
그리고 잊지 말아요. 살아있기에 행복하다는 것을…

그리도 내 곁에 당신이 있기에,
당신 곁에 내가 있기에,
당신도 나도 사랑하며 살 수 있다는 것을
생각해줘요.
삶도 사랑도 영원한 것은 없습니다.
그 어떤 것도 영원할 수는 없습니다.
나도 당신도 언젠가는 떠날 수 있다는 것
생각하세요.
우리의 사랑도 영원하지는 않기에
지금 사랑하는 것에 충실해야 한다는 것을요.
우리의 사랑은 아주 소중한 것이기에
또한 소중히 하고 싶은 것이기에
지금 하고 있는 사랑에 정성을 다하고 싶습니다.
나중에 후회하지 않도록
마음과 몸을 다하여 사랑하고 싶습니다.

4 나는 못난 남편이다.

며칠 전 울 마님이 나보고
"당신은 왜 여태 나를 홍콩을 한 번도 안 보내주는데?"
다른 집에는 남편들이 홍콩다 보내줬다고 하더마는" 하면서 핀잔을 준다.
"무슨 소리고?
중국, 일본, 태국, 캄보디아, 대만도 갔다 왔잖아?"
"나도 홍콩 가고 싶었단 말이야."
그래서 이번 겨울에 남편이 못 보내준 홍콩을 딸과 간다는 얘기다.
어떤 집에는 마누라를 홍콩에 자주 보내준다고 하더마는
우리 집에는 형편이 안 되어 한 번도 못 보내줬는 것 같다.

나만 한 두번 다녀온 것 같다.
부부가 같이 홍콩 가는 게 제일 좋을 것인데
난 그런 경험이 없다.
난 참 못난 남편인 것 같다.

이유는 늘 이유일 뿐이다.
내게 주어진 것이 너무 짧아 감질이 난다.
조금만 더 길었으면 얼마나 더 좋겠냐마는
내가 할 수 있는 시간이 너무 짧아 감질이 난다.
조금만 더 길었으면 얼마나 더 좋겠냐마는

한참을 지나고 보니
그 짧은 감질나는 시간이 내겐 기회요 축복이었다는 것을 알았다,
그 주어진 것이 짧고 할수 있는 시간이 짧은 것이 아니라 그 주어진 것을 할 수 있는 시간을 내가 할까 말까 딸막거리다 놓쳐버렸을 뿐이었다.
어쩌면 기회도 시간도 무한한 줄 알았을지도 모른다.
이제는 또 놓치지 말고 해야지.
'사랑한다.'고
'고맙다.'고
'미안하다.고.

심·올·가·득·품·은·연·필·한·자·루

세상에 내 편이 있다는 거

얼마나 든든한지 모릅니다.
그럼에도 우리는 대부분이 내 편이 없다고 생각합니다.

어느 가수는 노랫말에서 '시간은 우리 편이 아니라 해도 이제와 가는 길을 바꿀 수 있나?'라고 물었습니다.
시간은 제쳐 놓고서라도 살다 보면 과연 나를 알고 이해하면서 어떤 일이 있어도 내가 맞다고 편들어 줄 내 편이 있는지 궁금하기도 합니다.
가끔은 어떤 상황에 '누가 뭐래도 당신은 그때 내 편을 들어줘야지?'라고 원망을 듣기도 하고 원망을 하기도 합니다.

니 편, 내 편은
맞고 틀림의 구분이 아니라 이 힘든 세상을 살아가는 데 있어
견뎌내고 이겨내는 큰 에너지와 약이 된다는 것입니다.
'그때 너가 내 편이 되어주어서 내가 얼마나 큰 힘이 되었는지 모른다'고 인사를 받기도 합니다.
오늘은 내 편이 있고 없고 이전에 나는 누구에게 편이 되어 주었는가를 되돌아봅니다.
"내가 니 편인 거 알제?"

묻고 확인하는 것보다 느껴지는 게 진정한 편입니다.

8

희망편지

오늘도 너의 이름을 부른다.

이제는 외워지지 않는다.
그저 익히는 수밖에
외우자, 이해하자.

이제는 달리 방법이 없다.
익숙해질 때까지 반복하는 수밖에
유행가 가사가 반복 청취 뒤에 익숙해지는 것처럼
오늘도 너의 이름을 부른다.

니는 사는 데 뭐가 중한디?

최고의 화두이고
답입니다.

◢ 이래도 저래도

니는 1등도 안 하고 싶나?
산행이나, 걷는 것이나, 단체로 움직일 때 보면
어떤 친구는
땅 소리만 나면 쏜살같이 앞으로 튀어나가
선두에서 지휘하거나 남보다 먼저 도착하여 기다리는 가 하면
어떤 친구는
늘 뒤에 처져 주변을 살피고 더 처지는 동료를 챙기면서 같이 간다.

여느 때 나즈막한 산에 올라갈 때 후배가 말했다.
더딘 나하고 보조 맞춰 산을 오르다 보니 감질은 낫겠지만
천천히 가느라 그동안 못 봤던 것을 많이 보게 되었다고 한다.
매일 오르다시피 한 길이었지만 그날만 보였다는 것이다.

인생길 목적지에 1등으로 도착하는 게 성공이라고 익힌 우리들에게
"그리 일찍 가서 뭐하게?" 질문하게 된다.
결국은 남다르게 일찍 뛰어간 사람은 나름대로 이유나 만족감도 있겠지만
천천히 둘러 보고 챙겨가는 여유 있는 삶 또한 좋지 않겠나.

숨 가쁘게 걸어온 길, 걷고 있는 길, 걸어가야 할 길
끝내는 가보고 싶은 곳까지 다 못 간다는 것은 똑같을 것이다.

2 이래도 저래도

살다가 지치고 힘들 땐 가끔 '그래도' 섬으로 간다.
그래도 집은 있잖아
그래도 가족이 있잖아
그래도 다닐 직장이 있잖아
그래도 밥걱정은 안 하잖아
그래도 좋은 사람이 더 많잖아

살다가 답답하고 속상할 때 그래도 섬으로 가면 위로가 된다.
올여름 휴가는 그래도 섬으로 갈란다.
그래도 섬에서 제일 듣고 싶은 말은?
"그래도 아직 괴안찮아?
그래도 꿈이 있잖아?"

3 이래도 저래도

어떤 섬에 살고 있나요?
나는 '저래도'란 섬에 살고 있다고 합니다.
커오면서 어느 순간부터 자꾸 뒤처지기 시작하였습니다.
따라잡으려 용쓰는 것보다는
자기 속도를 줄여 동행해주려는 배려로 비슷하게 가는가
착각할 때도 있었습니다.
그럼에도 간극이 벌어지자 어느 때부터 내 이름 석 자 앞에는
'저래도'라는 섬 이름이 하나씩 붙기 시작했습니다.
저래도 00등학교 나왔데이!
저래도 4년제 대학 나왔데이!
저래도 장가갔데이!
저래도 아들도 있고 딸도 있데이!
저래도 아들은 키 크데이!
저래도 깐지데이!

요새는 하나 더 붙었습니다.
저래도 시의원도 했데이!
내가 저래도란 섬에 살 수 있도록 해준 수많은 인연들에
그저 고마울 수밖에
저래도가 얼마나 다행인지
현생에서야 내 이름 앞에 '저래도'가 지워지지 않을 터이니!

4 이래도 저래도

나이를 먹는다는 거
기억해야 될 것이 기억이 안 난다.
지우고 버려야 할 것들이 지워지지 않고 버려지지 않는다.
나이 든다는 거
브레이크가 잘 안 밟힌다.
가속 페달을 밟아도 가속이 안 된다.
나이 들었다는 거
말과 생각의 걸러주는 필터가 없는 것 같다.
참을성 있는 앙금이 약해진 것 같다.
이렇게 저렇게
나이테를 속이지 못하게 된다.
"내가 왜 이러지?
전에는 안 그랬는데… ㅠ"
치료 없는 자가 진단서를 처방전에 옮기지 못한다.

심·을·가·득·품·은·연·필·한·자·루

너 이름 석 자를

혹여 잊어버리면 어쩌나 걱정했던 시절이 있었다.
혹여 어느 순간에 네 이름 석 자 기억 안 나면 어쩌나 걱정했었다.
지금 네 이름 석 자가 잊을려 해도 잊혀지지 않고
지우려 해도 지워지지도 않는다.
시도 때도 없이 불쑥 네가 떠오른다.
지워야 되고
잊혀져야 된다고 생각할수록 이놈은 딴 길로 간다.
인연은 내가 지우는 게 아닌가 보다.

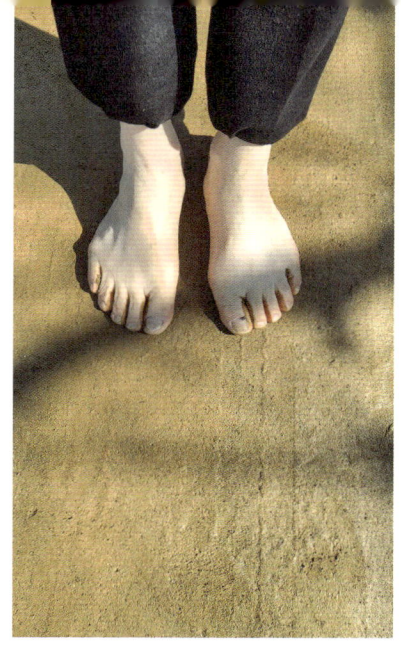

생각이 1% 바뀌면 인생은 99% 바뀐다.

쉽게 머리 숙이지 마라
함부로 무릎 꿇지 마라.

숙이기는 쉬어도 들기는 어렵고
꿇기는 쉬워도 일어서기가 어렵다.

왜냐면
상대는 이미 내가 머리 숙이고
무릎 꿇는 데 익숙해져 있기 때문이다.
그런데
나는 이미 머리 숙이고 무릎 꿇는 게 제일 빠르다는 거를 알고 있다는 거
"그래서 나는 이길 수 없다는 거."

1 다시 긍정의 힘으로

비우는 거 하고
잃어버리는 거 하고는 다르다는 거
내려놓는 거 하고 놓쳐버리는 거 하고는 다르다는 거
되돌아보면
많이 놓치고
많이 잃어버렸다.
오롯이 내 그릇의 작음도 있지만
감당이 버거웠던 내 약함 때문이었다.
이제 와
아쉽고 원망스럽기 그지없지만 그 또한 박복한 인연이겠지.
회한은 오늘 나를 다시 생각하게 한다.
"니 그리 살면 안 된데이!"
라는 질책이
더 크게 때린다.

2 다시 긍정의 힘으로

예전에는 상대가 안 해줘서 아팠고
지금은 내가 상대에게 못 해줘서 아프다.
세월은 이렇게 가버린다.
더 좋을 때를 기다리는 우리를 두고.
조금만 더 일찍이었더라면 좋았을 것을 이라며 아쉬워하면서도
오늘도 더 좋을 때 다음을 기다리고 있다.
지금 내가 가지고 있는 것은 오늘이라는 거
그냥 보내지 마라.
내일 또 후회한다.
그때 마 할꾸로.…

3 다시 긍정의 힘으로

"꿈이 뭐세요?"

"꿈이 뭐였어요?"

벌써 주변으로부터 질문이 바뀌었다.

꿈이 뭐였어요?의 질문이 가끔 있지만 꿈이 뭐예요?의 질문은 거의 없다.

질문은 이제는 꿈을 꿀 나이는 넘었다는 거로 생각된다.

나도 꿈은 있었겠지.

근데 지금 누가 꿈이 뭐냐고 묻는다면 뭐라고 답하지?

그럼에도 아직은
"꿈이 뭐세요?"
라는 질문을 듣고 싶다.

4 다시 긍정의 힘으로

우리가 살다가
늘 마지막의 바램은 버리고 비우는 것이다.
그렇게 채울려고 바둥바둥해 놓고
어느 순간엔가부터 쥐고 있는 것이 가진 것이 아니고
나를 힘들게 하는 짐이라고 생각 들어
내려놓거나 버리거나 비워야 한다고 난리다.
쉽지 않다.

가지고 있는 것에 대한 집착과 욕심 때문에 내려놓기도 비우기도 쉽지 않다.
내려놓으려고 비우려고
또 공부를 한다.
"공부는 죽을 때까지 해야 된다."

지식 쌓는 공부가 아니라
어떻게 살면 더 마음이 편하고 행복해지는지를 배우는
지혜 공부여야 할 것이다.

우리는 결국 태어날 때의 나로 돌아가는 것이다.
태어나서 언제쯤부터 비우고 버려야 하는지 궁금하다.

심·올·가·득·품·은·연·필·한·자·루

우리는 좋다고 생각하면 좋아지고

행복하다 생각하면 행복해지는 놀라운 능력이 있다는 거
그래서 우리는
더 좋아질 수 있고
더 행복해질 수 있다는 거
그럼에도
우리는 이렇게 쉬운 것을 모르거나 해보지도 않고 안 믿고 산다는 거다.
진리는 나를 이롭게 하는데
내가 이로우려면
몸이든 마음이든 디다는 거
마음이 편하려면
몸이 디고
몸이 편하려면
마음이 디다.

내가 누고?

거울을 꺼내 본다.
지금의 나를 본다.
사진을 꺼내 본다.
과거의 나를 본다.
기억을 꺼내 본다.
기억되는 나를 본다.
한결같지 않다.
바램과는 다르다.
가끔 숨어 있는 나를 보기도 한다.
"그때는 내가 나 같았는가?"
반문한다.
되돌아온 답?
"니가 언제 있었나?"
그래서 부끄러운가 보다.

1 나의 소원

이 말 빼고
저 말 빼고 나면
정작 할 말이 별로 없어 에둘러 근접 안부를 묻는다.
"잘 지내지를?"
"별일 없지를?"
"덕분에"

바보짓이다 하면서도 이렇게 이어간다.
정작 하고 싶은 말들은 블라인드 뒤에 가리고
"정작 하고 싶은 말은 뭐꼬?"
"혹여 아니면 어떡하노?"

나는 어떤 말이든 방출해버릴까 싶다.

2 나의 소원

그냥 고맙다고 하지?
그냥 미안타고 하지?
그냥 잘못했다고 하지?
그랬으면 이 사단까지는 안 났을 건데
그 한마디만 했으면 그냥 쉽게 넘어 갈 수 있을 건데

지나고 나면 아무것도 아닐 수 있었는데 그때는 그게 그렇게 어려웠나 보다.

마 그때 그랄꾸로.

우리네 삶이 그렇게 딱딱 맞아 떨어지도록 쉽게 살도록 안 만들어졌나 보다.
오늘도 한참 지난 뒤에
그때 마 그랄꾸로
하는 아쉬움이 안 생기게 할 꺼 있으면
고맙다고 하자.
미안하다고 하자.
잘못했다고 하자

까이껏, 그게 뭐 대수라고

3 나의 소원

멀리 있는 지인이
연락이 왔다.
예전에 사진으로 보여준
경주의 연꽃을 직접 꼭 보고 싶은데
다음 달 중 순경에야 올 수 있다고 꽃 떨어지지 않게 잘 붙잡아 두라고 한다.
나두 그러고 싶은데 가는 세월 누가 붙잡노.
연꽃도 인연에 의해 왔다가 가야 되는데
보고 싶은 님,
기다리는 님 있다고 안 가고 버틸 수 있겠나.
우리네 세상사 다 이런 것일진데…

이 좋은 지금을 놔두고 뭘 자꾸 이 다음에 하잖다.

4 나의 소원

오늘은
사랑하는 니가 오는 날.
오늘은 니가 온다.
밤새 원인 모를 열병앓음으로 기다리게 한 니가 온다.
니가 오는 날
아무 응접 준비하지 않고 그냥 기다려도
내 마음은 이미 온갖 호들갑을 떨고 있다.
니가 오는 날
설령 샘하는 온갖 마구가 갖은 훼방을 놓아도
비가 와도 꽃비가 되고
바람 불어도 꽃바람이 되고 눈이 와도 꽃눈이 되는
거뜬 없는 도력이 외호하는 우리가 이기는 날
오늘은
그냥 사랑하는 니가 오는 날이다.

■ 후기

여기까지 오게 된 것은
가당찮은 일에 대한 만용이다.
옆에서 '추구릴 때 조심해'라고 했다.
자기 주제를 잘 살피라고 하는 충고이다.
그렇지만 칭찬에 목말라 있던 사람에게는
추구리는 것이 참으로 달콤하게 들려온다는 것이다.

SNS에 이런저런 잡상들을 글로 적어 올린 것에 대해
몇몇 분이 잘 쓴다고 칭찬해 주시고 책을 내라고 추구린다.
언감생심, 말도 안 되는 이야기라고 손사래 치다가
그중에 긍정적으로 보신 출판, 편집하는 장강 선생이 진중하게 권해 와서
'그럼 해볼까?' 하는 만용이 발동하였다.

활자로 되어 나온 뒤에 감당해야 할 챙피함에 대한 두려움보다
옆에서 추구리는 말이 진담인지 그냥 던지는 인사인지 구분도 못 하면서
마음이 동하는 것을 보면 나도 그 욕심은 깔려있었나 보다.

이 책은 부추긴 사람, 거기에 덩달아 춤을 춘 사람,
안쓰럽게 지켜보는 사람들이 공동으로 만든 것이다.
하찮은 졸고들을 과대평가하여 모험을 해준 장강 님,
인쇄비를 과감하게 보태준 울 마님 백지원 여사,
그동안 책 만들라고 추구린 분들,
책 나오면 책 사준다고 하신 분들
덕분에 여기까지 오게 되었음에 감사드린다.

이왕지사 만들어진 책,
읽는 분들에게 같은 시대를 사는 사람의 일상의 얘기로
싱긋이 웃음 지어졌으면 한다.

박귀룡 에세이
몽땅연필의 꿈

ⓒ 2024, 박귀룡
발행일 2024년 11월 25일
지은이 박귀룡
펴낸이 박혜숙
펴낸곳 도서출판 신율(SINYUL)

공급처 도서출판 그림책
주소 경기도 수원시 영통구 광교호수공원로 45
연락처 TEL 070-4105-8439 (010)2676-9912
E-mail : khbang21@naver.com

Copyright C 도서출판 그림책. All rights reserved.

이 책의 글과 그림의 저작권은 지은이가 가지고 있습니다.
이 책의 일부 또는 전체에 대한 무단 복제 및 전재를 금합니다.
저자와의 합의에 의해 검인지는 생략합니다.

※ 잘못된 책은 바꿔 드립니다.
Published by 도서출판 신율(SINYUL) Co. Ltd. Printed in Korea

ISBN 978-89-6698-200-4 (03810)

값 17,000원